Smart Grammar

3

집필진: 김미희, E·NEXT 영어연구회

김미희, 민문선, 민아현, 신가윤, 정민경, 한은미, Christina KyungJin Ham, Sara Park(Editorial Advisor)

김미희 선생님은 이화여자대학교 영어교육과를 졸업하고 EBS English에서 방영하는 'Yo! Yo! Play Time'과 'EBS 방과 후 영어'를 집필 및 검토하셨으며, 베스트셀러인 '10시간 영문법'과 '영어 글쓰기왕 비법 따라잡기' 등의 많은 영어교재를 집필하셨습니다. E·NEXT 영어연구회는 김미희 선생님을 중심으로, 세계 언어교육의 흐름에 발맞추어 효과적이고 바람직한 영어 교수·학습 방법을 연구하는 영어교육 전문가들의 모임입니다.

Smart Grammar 3

지은이 김미희
펴낸이 정규도
펴낸곳 다락원

초판 1쇄 발행 2011년 9월 30일
초판 3쇄 발행 2015년 3월 11일

편집장 최주연
책임편집 장경희, 오승현
영문교정 Michael A. Putlack

아트디렉터 정현석
디자인 김은미, 윤미주, 정규옥

다락원 경기도 파주시 문발로 211
전화: (02)736-2031 내선 510
Fax: (02)732-2037
출판등록 제1-2936호

값 12,000원

ISBN 978-89-277-4023-0
      978-89-277-4024-7(set)

http://www.darakwon.co.kr
다락원 홈페이지를 통해 본책과 워크북의 영문 해석 자료를 받아 보실 수 있습니다.

출간에 도움 주신 분들
배정연(키다리교육센터 메인 강사)
전남숙(수지 키즈컬리지 원장)
Leigh Stella Lage(성남외국어고등학교 원어민교사)
이명수(덕소 아이스펀지 잉글리쉬 원장)
이선옥(OK's Class 원장)
박혜정(잉글루 고창 어학원 원장)
신은숙(플러스 공부방 원장)

내지 일러스트 안효순 **표지 일러스트** 노유이

Wow! Smart Grammar 3

Smart Grammar를 추천합니다!

외국어를 배우면서 실력을 한 단계 더 올리기 위해서는 문법 공부가 반드시 필요합니다. 하지만 생소한 문법 용어와 설명 때문에 많은 학생들이 문법을 어려워하지요. **WOW! Smart Grammar** 시리즈는 기존의 문법 교재와는 달리, 학생의 발달 단계와 영어 학습 능력에 맞추어 구성하였으며 문장 속에서 문법을 배우는 것이 큰 특징입니다. 억지로 문법에 꿰어 맞춰진 것처럼 지루한 예문이 아니라, 재미있는 스토리가 있는 생동감 넘치는 문장을 통해 문법을 자연스럽고 즐겁게 터득할 수 있는 살아있는 영문법 교재입니다.

이상민 (경희대학교 영미어학부 교수, 초중등 영어교과서 저자, EBS 방과후 영어 총괄기획)

영문법을 풀어가는 방식이 참신하고 재미있군요. 그런데 재미있다고 해서 저학년 위주의 가벼운 내용만 들어 있는 것이 아니라, 초등 영문법의 핵심 내용을 토대로 보다 심화된 중학교 기본 과정까지 다루고 있다는 점을 높이 평가합니다. 내용 구성이나 문제 유형 등 여러 면에서 영어교육 전문가 선생님들이 오랜 시간 동안 현장에서 직접 적용해보고 지도해 본 실제 경험이 고스란히 녹아 들어가 있다는 느낌이 듭니다. 또한 구성도 알차고, 워크북과 단어장까지 들어 있어 요즘 같은 자기주도학습 시대에 딱 맞는 교재라고 생각합니다.

이재영 (안양관악초등학교 교장, 경기도초등영어교육연구회 회장, 한국초등영어교육학회 부회장)

건물을 건축할 때 기초공사가 가장 중요하듯 이 책은 학생들의 영어 실력 향상을 위해 꼭 필요한 내용들을 좋은 구성을 통해 보여줌으로써 학생들에게 영어 학습의 튼튼한 기초를 제공해주고 있습니다. 또한 각 Unit마다 Story Grammar를 통해 웡키의 이야기 속에 녹아있는 문법적인 요소를 자연스럽게 추출해볼 수 있도록 한 점은 흥미를 잃지 않고 통합적으로 문법을 공부하며 영어 실력을 향상시키는 데 효과 만점이라고 할 수 있습니다.

이미현 (수내초등학교 교사)

부담스럽지 않은 구성에다 연습문제가 풍부해서 참 좋네요. 단순히 연습문제의 개수만 많은 것이 아니라 쉬운 문제부터 어려운 문제까지 차근차근 단계적으로 풀어볼 수 있게끔 구성되었고, 만화 등 여러 가지 다양한 상황들이 들어간 문제 유형들로 이루어져 있어 실제 아이들의 생활에서 활용될 수 있는 문법학습에 매우 효과적입니다.

최호정 (Brown International School 국제학교 BIS 서초캠퍼스 원장)

문법을 쉽고 재미있게 설명하고 있어서 좋고, 단계별·수준별로 구성된 연습문제와 워크북의 문제 등 풍부한 문제를 제공하고 있으며, 잘 정리된 단어장까지 완벽하게 준비된 교재입니다. 학원 교재로서는 선생님들의 일을 줄여준 고마운 교재이며, 또한 자기주도학습을 하기에도 좋은 교재라고 생각됩니다.

제니퍼 김 (English Hunters 원장)

영어를 배우면서 영문법에 어려움을 많이 느끼는 학생들이 대부분인데, **WOW! Smart Grammar**는 문법의 개념을 쉽고 친근감 있게 생활 언어로 설명해 주어서 아이들이 영문법의 기본 구조를 흥미 진진하게 이해하고 받아들일 수 있게 해주는 좋은 문법 지침서입니다. 각 Unit의 끝에 나오는 문화 관련 페이지도 형식적인 내용이 아니고 정성 들여 꾸며져서 재미있고 유익합니다.

유병희 (동백 정철어학원 원장)

사실 영문법을 가르치다 보면 아이들이 문법 용어와 표현을 어려워하는데요, **WOW! Smart Grammar**에서는 그런 문제점을 해결해주네요. 품사의 뜻과 문장의 구조 등 문법을 재미있게 설명해 주어서 좀더 접근하기 쉽게 되어 있어요. 또한 이 책은 실생활에서 쓰는 문장들을 예문으로 사용했기 때문에 문법을 문제풀이를 위해서만 공부하는 것이 아니라 배운 표현을 실생활에도 적용할 수 있게 해주네요.

이우리 (리버스쿨 분당 초등 전담 강사)

WOW! Smart Grammar will help students gain the confidence to improve their English ability. The book consists of guidelines that cover grammar, practice exercises, and activities which correlate with the national English textbooks used in public schools.

Puthea Sam (성남송현초등학교 원어민 교사)

WOW! Smart Grammar is a new and exciting book for young English learners. It uses a lot of imaginative scenarios to help kids understand the lessons. The unique fiction included is fascinating to young minds and serves to help motivate children to study. There are also a lot of nonfiction sections that are equally as interesting. All the activities included are fun and relevant to the book's curriculum. This book makes learning English enjoyable and easy. I recommend this book for anyone looking for a creative way to improve a child's English grammar.

Daniel Brown (서강대학교 외국어 교육대학원 전임 강사)

이 책의 구성과 특징

각 Unit별 주제에 맞는 실생활 속의 문장과 흥미로운 스토리로 문법을 익히고, 단계적으로 구성된 연습문제를 풀면서 실력을 다져 나갈 수 있도록 구성되어 있어요. 스토리는 연습문제에도 계속 연결되어 흐르기 때문에, 딱딱하고 지루한 문법을 공부하기 위해 문제를 푸는 것이 아니라 재미있는 스토리를 읽으면서 배운 문법 내용을 확인할 수 있어요. 기본 핵심 영문법! 이젠 이 책으로 스마트하게 익히세요.

문법 설명

핵심 문법 내용을 이해하기 쉽게 풀어서 설명하고, 실생활에서 사용하는 다양한 문장을 통해 확인할 수 있도록 합니다.

Unit별 핵심 정리

해당 Unit에서 학습할 중요 문법 내용이 무엇인지를 문장 속에서 풀어서 보여줍니다.

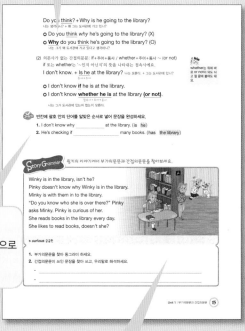

Check✓

앞에서 배운 핵심 문법 내용을 짧은 퀴즈 형식으로 간단하게 확인하고 넘어가는 코너로, 망각 곡선을 늦춰 기억력을 높여 줍니다.

Story Grammar

재미있고 흥미로운 스토리를 읽으면서 스토리 속에 녹아있는 문법 내용을 다지고 정리합니다.

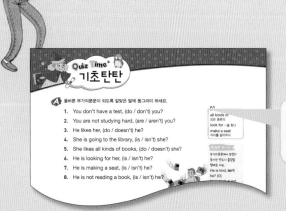

기초 탄탄 Quiz Time

학습한 문법 내용을 점검하는 1단계 기초 문법 문제를 풀어봅니다. 앞 페이지에서 읽은 스토리는 이 코너의 문제들에서도 계속 이어집니다.

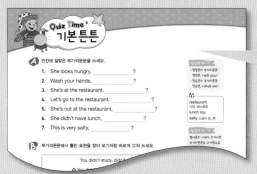

기본 튼튼 Quiz Time

한 단계 올라간 기본 문법 문제를 풀어봅니다.
이 코너에서도 스토리가 녹아 들어간 문제를 풀면서
배운 문법 내용을 확인합니다.

실력 쑥쑥 Quiz Time

기사, 만화, 일기 등 일상생활과 관련된 실용영어가
스토리 속에 녹아있는 심화된 문제를 풀면서
배운 문법을 최종 확인합니다.

Unit 꽉 잡기 Review Test

종합 문제를 풀면서 최종 점검 및 복습을 하는 코너입니다.
새롭게 바뀐 영어교과 교육과정의 개정 내용을 반영해서
장차 중학교의 중간·기말고사는 물론 각종 공인 영어 시험의
달라진 시험 유형에도 대비할 수 있도록 다양한 유형의
문제들로 구성하였습니다.

Super Duper Fun Time

해당 Unit과 관련된 영어권 문화 상식과 배경 지식을
즐겁게 습득할 수 있는 코너입니다.

별책부록: 워크북 & 단어장

핵심 문법 사항을 스스로 정리하고 다양한 연습문제를 풀어보면서
실력을 확실히 다질 수 있는 **워크북**과,
각 Unit에 나왔던 중요 단어와 문장을 한데 모아 다시 한 번 익힐 수
있는 깜찍한 사이즈의 **단어장**이 들어 있습니다.

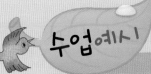

수업예시

WOW! Smart Grammar 시리즈는 전체 3권으로 구성되었으며,
각 권당 8개의 Unit으로 이루어져 있고, 한 Unit을 2차시에 걸쳐 수업할 수 있습니다.
WOW! Smart Grammar 1권부터 3권까지 일주일에 2번 수업할 경우 총 6개월 코스가 됩니다.

※사용 연령: 초등학생 이상

WOW! 아주 쉬운 문법 용어

Hi! I'm Winky.

영문법은 어렵다고? 지금 고개 끄떡끄떡한 친구들은~

의문문은 뭔가를 물어보는 문장이라는 거 알지? 그런데 의문문에도 몇 가지 종류가 있어.

부가의문문과 간접의문문

직접의문문은 우리가 알고 있는 원래의 의문문을 말해. 즉, 「동사 + 주어 ~?」 형태로 직접적으로 물어 볼 때 쓰지.

부가의문문은 평서문 뒤에 짧게 붙어 있는 의문문이야. "It is an apple, isn't it?(그건 사과야, 그렇지 않니?)" 처럼 어떤 사실을 확인하거나 동의를 구할 때 사용하지.

간접의문문은 직접의문문과는 달리 의문문이 다른 문장의 일부분으로 들어가서 간접적으로 묻는 의문문이야. 예를 들어, "Where does he live?(그는 어디에 사니?)"는 그가 어디에 사는지 바로 묻는 직접의문문이지만, "Do you know where he lives? (그가 어디에 사는지 아니?)"는 돌려서 묻는 간접의문문이지.

Go to → **Unit 1**

부정대명사와 수량형용사

Go to → **Unit 2**

부정대명사는 정해져 있지 않은 사람이나 사물을 나타내는 대명사를 말해. one, the other, another, all, both, none, some, any 등이 부정대명사에 속하지.

수량형용사는 명사의 수나 양을 나타내는 형용사로 명사 앞에 위치하는데, some, many, much, a lot of, lots of, a few, few, a little, little 등이 있어.

another

one   the other

일단 이걸 한번 읽어 봐!!

Hi!
My name is Pinky.

접속사

단어와 단어, 구와 구, 절과 절을
연결하는 것이 뭐라고 했지?
띵똥~ 맞아! 접속사라고 했지!
접속사에는 크게 두 가지 종류가 있어.

단어와 단어,
구와 구, 절과 절을 서로 대등한 관계로 연결하는
접속사가 있는데, 이게 등위접속사야.
and, or, but 등이 있지.

종속접속사는

대등하지 않은 관계로 연결하는 접속사야.
그래서 종속접속사를 사이에 두고 어느 한쪽은 주인이 되고 다른 한쪽은
하인이 되지. 이렇게, 문장의 주인이 되는 주된 절을 주절이라고 하고,
주절에 딸려 다니면서 주절을 수식하거나 설명해주는 역할을 하는 절을
종속절이라고 해.

Go to Unit 3

부정사

부정사는

'품사가 정해져 있지 않은 동사형'이라는 뜻이야.
원래 동사지만 문장 안에서 명사, 형용사, 또는 부사의 역할을 하는
만능으로 변신하는 거지!
부정사 가운데 「to + 동사원형」을 to부정사라고 하고,
to 없이 그냥 동사원형만 오는 부정사를 원형부정사라고 해.
(to) 부정사에 해당하는 동작이나 상태가 누구의 동작인지,
누구의 상태인지 알려 주는 표현을 의미상의 주어라고 하지.
지각동사는 see, watch, feel, smell, taste, hear처럼
감각을 표현하는 동사로, 원형부정사와 함께 쓰여.
사역동사는 누군가에게 무엇을 '시킨다'라는 뜻을 가진 동사로,
have, let, make, help 등이 있어. 이런 동사 뒤에도 원형부정사가 오는데,
help는 to부정사가 오기도 하지.

Go to Unit 4

to   동사원형

wow! 아주 쉬운 문법 용어

동명사

동사원형에 -ing가 붙으면 동사이면서도 명사처럼 쓰이는 **동명사**가 돼. 즉, 동사의 성질을 가진 명사라고 할 수 있지. 동명사가 들어간 **관용 표현**들도 알아두는 게 좋아. 아, 그런데 관용 표현이 뭐냐고? 몇 개의 단어들이 합쳐져서 또 다른 의미를 나타내는 표현을 말해.

Go to ➤ Unit 5

분사와 현재완료

분사에는 현재분사와 과거분사가 있어. 현재분사는 「동사원형 + -ing」, 과거분사는 「동사원형 + -ed」의 형태로 만들어. 경우에 따라 과거분사가 불규칙적으로 변하는 경우도 있으니까 이런 건 꼭 외워둬야 하지. 현재분사는 '~하는, ~하고 있는,' 과거분사는 '~된, ~ 받는, ~ 당한'으로 해석해.

Dinky

sleeping

Minky

과거에 일어난 일이나 경험이 현재까지 영향을 끼쳐서 현재와 관련이 있을 때는 특별한 시제를 사용해. 바로 **현재완료**라는 거야. 현재완료는 「have/has + 과거분사」로 나타내. 현재완료에는 '경험, 계속, 결과, 완료'를 나타내는 4가지의 용법이 있어.

난 기타를 쳐 본 적이 있단다~

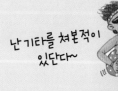

Go to ➤ Unit 6

수동태

'능동적이다, 수동적이다'라는 말 많이 들어봤지?
영어 문장에도 능동태와 수동태가 있어!
신기하지? 자, 그럼 능동적인 자세로 알아볼까?

능동태는

동작을 하는 주체에 중점을 둔 문장이야.

그래서 '…가 ~하다'로 해석해.

"I write the letter. (나는 그 편지를 쓴다.)"는

능동태 문장이야.

'편지를 쓴다'는 동작의 주어인

'나'에 더 힘을 준거지.

수동태는

무슨 일이 있었는지에 중점을 두기 때문에,

일어난 일의 대상이 문장의 주어가 돼.

예를 들어 볼까?

"The letter is written by me. (그 편지는 나에 의해 쓰여진다.)"가

바로 수동태 문장이야. 위의 능동태 문장과 뜻은 결국 같지만, 편지를

쓰는 나에 중점을 두느냐, 편지가 나에 의해 쓰여진다는 것에 중점을

두느냐에 따라 표현 방법이 달라진 거야.

Go to ➡ Unit 7

나무가
나와 산타 할아버지에 의해
끌어당겨지는 군.

나와 루돌프가
나무를 끌어당기고 있지.

관계대명사와 관계부사

한 번에 두 가지 역할을 하는 능력자들을 소개할게!

바로 **관계사**라는 것인데, 관계대명사와 관계부사가 있어.

관계대명사는 중복되는 두 단어를 묶어주는 대명사 역할과

두 문장을 한 문장으로 연결하는 접속사 역할을 해. who, which, that 등이 있어.

관계부사는 두 문장을 연결해주는 접속사 역할과

시간, 장소, 이유, 방법을 나타내는 부사 역할까지 하지.

when, where, why 등이 있어.

Go to ➡ Unit 8

CONTENTS

부가의문문과 간접의문문

부가의문문과
간접의문문이 뭘까?

말 그대로 부가적, 간접적으로
쓰인 의문문이란 말씀!

✪ 부가의문문은 사실을 확인하거나 동의를 구할 때 쓰는 의문문을 말해요.

He's going to the library today, isn't he?
그는 오늘 도서관에 갈 거야, 그렇지 않니?
　　　　　　　　　　　　　　　　부가의문문(동사+주어)

✪ 간접의문문이란 의문문이 다른 문장의 일부로 들어가 간접적으로 묻는 것을 말해요.

Do you know where he is?　너는 그가 어디 있는지 아니?
　　　　　　　간접의문문(의문사+주어+동사)

부가의문문

① 부가의문문은 상대방에게 어떤 사실을 확인하거나 동의를 구할 때 사용하는데, 평서문 뒤에 '그렇지?' 혹은 '그렇지 않니?'라고 덧붙이는 의문문이에요.

(1) 긍정의 평서문,+부정의 부가의문문(be동사/do, does, did+not의 줄임말+인칭대명사)

    She <u>likes</u> him.   그녀는 그를 좋아한다.

    ⊙ She likes him, **doesn't she**?   그녀는 그를 좋아해, 그렇지 않니?
        _{긍정의 평서문+부정의 부가의문문}

(2) 부정의 평서문,+긍정의 부가의문문(be동사/do, does, did+인칭대명사)

    She <u>doesn't like</u> him.   그녀는 그를 좋아하지 않는다.

    ⊙ She doesn't like him, **does she**?   그녀는 그를 좋아하지 않아, 그렇지?
        _{부정의 평서문+긍정의 부가의문문}

 빈칸에 알맞은 말을 쓰세요.

1. Pinky is in the library, _____?   핑키는 도서관에 있어, 그렇지 않니?
2. She reads books, _____?   그녀는 책을 읽고 있어, 그렇지 않니?

 간접의문문

① 간접의문문은 의문문이 다른 문장의 일부분으로 들어가서 **명사절**이 되는 것을 말해요. 간접의문문은 「의문사/if(whether)+주어+동사」의 어순으로 와요.

    Where does she live?   그녀는 어디에 사니?
    _{직접의문문(의문사+조동사+주어+동사원형)}

    ⊙ I don't know **where she lives**.   나는 그녀가 어디에 사는지 모른다.
        _{간접의문문(의문사+주어+동사)}

② 간접의문문에는 두 가지 형태가 있어요.

(1) 의문사가 있는 간접의문문: 의문사+주어+동사

    Do you know? + Where is he?   너는 아니?+그는 어디에 있니?
        _{직접의문문(의문사+동사+주어)}

    ⊙ Do you know **where he is?**   너는 그가 어디에 있는지 아니?
        _{간접의문문(의문사+주어+동사)}

    ＊ 주절에 think, believe, imagine, guess, suppose 같은 동사가 올 때는 의문사를 문장 맨 앞으로 보내요.

Do you think? + Why is he going to the library?
너는 생각하니? + 왜 그는 도서관에 가고 있니?

○ Do you think _why_ he's going to the library? (X)

○ **Why** do you think he's going to the library? (O)
너는 그가 왜 도서관에 가고 있다고 생각하니?

(2) 의문사가 없는 간접의문문: if+주어+동사 / whether+주어+동사 ~ (or not)
if 또는 whether는 '~인지 아닌지'의 뜻을 나타내는 접속사예요.

I don't know. + Is he at the library? 나는 모른다. + 그는 도서관에 있니?
　　　　　　　　　동사 + 주어

○ I don't know **if** he is at the library.

○ I don't know **whether he is** at the library **(or not)**.
　　　　　　　　접속사 + 주어 + 동사
나는 그가 도서관에 있는지 없는지 모른다.

whether는 뒤에 바로 or not이 와도 되고 절 끝에 붙여도 돼요.

 빈칸에 괄호 안의 단어를 알맞은 순서로 넣어 문장을 완성하세요.

1. I don't know why _____ at the library. (is　he)

2. He's checking if _____ many books. (has　the library)

 윙키의 이야기에서 부가의문문과 간접의문문을 찾아보세요.

Winky is in the library, isn't he?
Pinky doesn't know why Winky is in the library.
Minky is with them in to the library.
"Do you know who she is over there?" Pinky
asks Minky. Pinky is curious of her.
She reads books in the library every day.
She likes to read books, doesn't she?

＊ _curious_ 궁금한

1. 부가의문문을 찾아 동그라미 하세요.

2. 간접의문문이 쓰인 문장을 찾아 쓰고, 우리말로 해석하세요.

・ _____
　_____
・ _____

 올바른 부가의문문이 되도록 알맞은 말에 동그라미 하세요.

1. You don't have a test, (do / don't) you?

2. You are not studying hard, (are / aren't) you?

3. He likes her, (do / doesn't) he?

4. She is going to the library, (is / isn't) she?

5. She likes all kinds of books, (do / doesn't) she?

6. He is looking for her, (is / isn't) he?

7. He is making a seat, (is / isn't) he?

8. He is not reading a book, (is / isn't) he?

👀
all kinds of
모든 종류의
look for ~을 찾다
make a seat
자리를 맡아두다

형광펜 쫘~악
부가의문문에서 부정의
동사는 반드시 줄임말
형태로 써요.
He is kind, **isn't**
he? (O)
He is kind, *is not*
he? (X)

 올바른 부가의문문에 동그라미 하세요.

1. She's over there, (isn't she / doesn't she)?

2. Winky looks very happy, (isn't he / doesn't he)?

3. She is studying science, (isn't she / doesn't she)?

4. She likes science, (isn't she / doesn't she)?

5. He's not good at science, (is he / does he)?

6. He brings science books, (doesn't she / doesn't he)?

7. She doesn't know about his magic, (does he / does she)?

8. He does science experiments, (doesn't they / doesn't he)?

9. Pinky finds them, (does she / doesn't she)?

10. You like that girl, (do you / don't you)?

👀
be good at
~에 소질이 있다, ~을 잘하다
bring 가져오다
do ~ experiment
~ 실험을 하다

C 빈칸에 알맞은 말을 넣어 간접의문문을 완성하세요.

1. Do you know? + Who is her boyfriend?

   ➲ Do you know who _____?

2. I don't know. + Why do you love her?

   ➲ I don't know why _____.

3. I'm curious. + Who does she like?

   ➲ I'm curious who _____.

4. Can you tell me? + What do I have to do?

   ➲ Can you tell me what _____?

5. Do you know? + Whose cup is this?

   ➲ Do you know whose cup _____?

D 빈칸에 알맞은 말을 넣어 간접의문문을 완성하세요.

1. I don't know. + Is the answer A?

   ➲ I don't know if _____ A.

2. I don't care. + Is the answer correct?

   ➲ I don't care if _____ correct.

3. I ask her. + Is it easy?

   ➲ I ask her whether _____ easy or not.

4. I can guess. + Is this seat hers?

   ➲ I can guess if _____ hers.

5. I know. + Do you like her?

   ➲ I know whether _____ her or not.

형광펜 쫘~악

의문사가 없는 간접의문
문은 「if+주어+동사」 또
는 「whether+주어+동
사+or not」 형태로 써요.

care 신경 쓰다
correct 맞는, 적절한
guess 추측하다

A 빈칸에 알맞은 부가의문문을 쓰세요.

1. She looks hungry, _____?

2. Wash your hands, _____?

3. She's at the restaurant, _____?

4. Let's go to the restaurant, _____?

5. She's not at the restaurant, _____?

6. She didn't have lunch, _____?

7. This is very salty, _____?

형광펜 쫘~악
• 명령문의 부가의문문:
  명령문, +will you?
• 청유문의 부가의문문:
  청유문, +shall we?

restaurant
식당, 레스토랑
lunch 점심
salty 소금이 든, 짠

형광펜 쫘~악
평서문의 시제가 과거이면
부가의문문도 과거형으로
써요.

homework 숙제
finish 끝내다

B 부가의문문에서 틀린 표현을 찾아 보기처럼 바르게 고쳐 쓰세요.

> You didn't study, <u>didn't you</u>?
> ○ You didn't study, _____did you_____?

1. Ms. Lee gave a lot of homework, <u>doesn't she</u>?
   ○ Ms. Lee gave a lot of homework, _____?

2. Let's do our homework, <u>shall you</u>?
   ○ Let's do our homework, _____?

3. You don't have to use magic, <u>don't you</u>?
   ○ You don't have to use magic, _____?

4. You can't do all this, <u>do you</u>?
   ○ You can't do all this, _____?

5. Pinky is not a nice student, <u>is Pinky</u>?
   ○ Pinky is not a nice student, _____?

6. Wow. We finished our homework, <u>did we</u>?
   ○ Wow. We finished our homework, _____?

형광펜 쫘~악
평서문에 조동사가 쓰였으
면, 부가의문문에도 그 조
동사를 써요.
• 주어+조동사 ~, 조동사
  의 부정형(줄임말)+인칭
  대명사 주어?
  He <u>will</u> come
  tonight, **won't** he?
• 주어+조동사+not ~,
  조동사+인칭대명사 주
  어?
  Iom <u>will not</u> come
  tonight, **will** he?

C 두 문장을 합쳐서 한 문장으로 다시 쓰세요.

music hall
음악당, 뮤직 홀

confused
혼란스러운

favorite 가장 좋아하는

1. Can you tell me? + Where is the music hall?

   ➡ ....

2. I'm confused. + Is this place on the first floor?

   ➡ ....

3. Do you think? + What is her favorite song?

   ➡ ....

4. Ask her. + What does she want?

   ➡ ....

5. Tell me. + What kinds of songs do you like?

   ➡ ....

D 틀린 표현을 찾아 바르게 고쳐 문장을 다시 쓰세요.

형광펜 좌~악

whether는 뒤에 바로
or not이 와도 되고 절
끝에 붙여도 돼요.

1. Do you know what time is it?

   ➡ ....

2. I'm curious why are you studying very hard.

   ➡ ....

3. Do you think when the test is?

   ➡ ....

4. Do you think what this is?

   ➡ ....

5. Oh! Whether tell me the test is tomorrow.

   ➡ ....

 빈칸에 알맞은 부가의문문을 써서 이야기를 완성하세요.

1 You will help me study for the test, _____?

2 Sure. Let's go to the study room, _____?

Sounds good!

3 You're so cool! You are an angel, _____?

I think so, but I don't have wings.

4 This problem is not hard, _____?

5 Pinky, you didn't focus on me, _____?

Well, I don't know...

I'm sorry.

6 You can take the test with me, _____?

Don't even think about it.

그림을 보고, 단어나 구를 알맞게 배열하여 문장을 완성하세요. 필요한 경우
단어의 형태를 바꾸어 쓰세요.

👀
left leave(떠나다)의
과거형
cost (값 · 비용이)
~이다
rode ride(타다)의
과거형

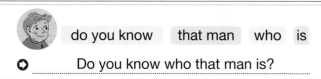

do you know   that man   who   is

➡   Do you know who that man is?

1. I wonder   left early   why   that woman

➡ _____ .

2. do you think   who   the princess   is

➡ _____ ?

3. do you think   what   cost   those shoes

➡ _____ ?

4. what time   she knows   it   is

➡ _____ .

5. what   is   tell me   her name

➡ _____ .

6. do you know   she   if   rode in the car

➡ _____ ?

1. 다음 부가의문문에 대한 설명 중 잘못된 것을 고르세요.

① 부가의문문은 동의를 구할 때 사용한다.

② 부가의문문은 사실을 확인할 때 사용한다.

③ 부가의문문은 평서문 뒤에 오며, 형태는 「주어＋동사」의 순서이다.

④ 긍정의 평서문 뒤에는 부정의 부가의문문을 붙인다.

2. 다음 빈칸에 알맞은 부가의문문을 고르세요.

> They are students, ＿＿＿＿＿＿＿＿?

① are they

② they are

③ aren't they

④ they aren't

3. 다음 빈칸에 공통으로 알맞은 것을 고르세요.

> • Jane is pretty, ＿＿＿＿＿？
> • She is a teacher, ＿＿＿＿＿？

① is she   ② isn't she

③ does she   ④ doesn't she

4. 다음 빈칸에 알맞은 부가의문문을 쓰세요.

> Close the door, ＿＿＿＿＿？

5. 다음 대화의 빈칸에 알맞은 부가의문문을 차례대로 쓰세요.

> A: Dance with joy, ＿＿＿＿＿？
> B: Yes. Let's dance, ＿＿＿＿＿？

6. 다음 간접의문문에 대한 설명 중 올바른 것을 고르세요.

① 간접의문문의 주어, 동사는 의문문과 어순이 같다.

② 간접의문문의 주어, 동사는 평서문과 어순이 같다.

③ 간접의문문은 의문문 두 개가 합쳐져야만 만들 수 있다.

④ 간접의문문은 평서문 두 개가 합쳐져야만 만들 수 있다.

7. 다음 빈칸에 알맞은 단어를 고르세요.

> Do you know _____ it's going to rain or not?

① whether   ② that

③ when   ④ what

8. 다음 빈칸에 알맞은 단어를 고르세요.

> Do you _____ who she is?

① know   ② think

③ suppose   ④ believe

9. 다음 중 밑줄 친 if의 뜻이 <u>다른</u> 것을 고르세요.

① I'm going to stay home <u>if</u> it rains tomorrow.

② I don't know <u>if</u> she is a student.

③ I'm confused <u>if</u> she likes him.

④ Are you curious <u>if</u> he is home?

10. 다음 중 <u>잘못된</u> 표현을 고르세요.

① Do you know what the date is?

② Do you think why she cried?

③ Are you curious how I got an A?

④ She is confused whether she has milk at home or not.

도서관 에티켓은 어디나 똑같아요!!

Unit 2

부정대명사와 수량형용사

> 부정대명사의 '부정'은 '정해지지 않은 것'을 의미해. 수량형용사는 수와 양을 나타내는 형용사야. 어떤 게 있는지 볼까?

⭐ 부정대명사는 정해져 있지 않은 사람이나 사물을 나타내는 대명사에요.

I have two apples. One is red and the other is green.
　　　　　　　　　부정대명사　　　　　　　　부정대명사

나는 사과 두 개를 가지고 있다. 하나는 빨간색이고 또 다른 하나는 초록색이다.

⭐ 수량형용사는 수와 양을 나타내는 형용사로 명사 앞에 와요.

Alice has a lot of carrots. 앨리스는 많은 당근을 가지고 있다.
　　　　　수량형용사

부정대명사

1 부정대명사는 정해져 있지 않은 막연한 사람이나 사물을 나타내는 대명사에요. 부정
대명사에는 one, the other, another, all, both, none, some, any 등이 있어요.

All of the students prepare fruits and vegetables for cooking
부정대명사
class. 모든 학생들이 요리시간을 위해 과일과 야채를 준비한다.

(1) one은 앞에 나온 「a/an + 명사」를 뒤에서 다시 받을 때 써요.

Winky needs **a carrot**. He borrows **one** from a friend.
윙키는 당근이 필요하다. 그는 친구에게서 하나를 빌린다.

(2) one과 the other는 두 개 중에서 '하나'와 '나머지 하나'의 의미로 쓰여요.

Winky's friend has **two carrots**. **One** is big and **the other** is
　　　　　　　　　　　　　　　　　　　(두 개 중에) 하나　　　　　　　　나머지 하나
small. 윙키의 친구는 당근 두 개를 가지고 있다. 하나는 크고 다른 하나는 작다.

(3) 셋 중에서 '하나'는 one, '또 다른 하나'는 another, '나머지 하나'는 the other
를 써요.

He also has **three bell peppers**. **One** is red, **another** is yellow,
　　　　　　　　　　　　　　　　　(세 개 중에) 하나　　　　　또 다른 하나
and **the other** is green.
　　　　　나머지 하나
그는 피망도 세 개 가지고 있다. 하나는 빨간색이고, 또 다른 하나는 노란색, 나머지 하나는 초록색이다.

(4) all과 none, some과 any는 셀 수 있는 명사와 셀 수 없는 명사에 모두 쓰여요.
셀 수 있는 명사로 쓰일 때는 복수, 셀 수 없는 명사로 쓰일 때는 단수 취급해요.

Some of the **students don't** have carrots.
부정대명사　　　　셀 수 있는 명사(복수형)
학생들 중 몇 명은 당근을 가지고 있지 않다.

(5) some은 전체 중에서 일부를 의미하며 주로 긍정문에 쓰이고, any는 부정문과
의문문에서 사용해요. 권유나 부탁을 할 때, 긍정적인 대답을 기대할 때는
some을 의문문에도 사용해요.

Do you have **any** carrots? Can you give me **some**?
너는 당근을 가지고 있니? 나에게 좀 줄 수 있니?

Check 문장을 읽고, 부정대명사에 동그라미 하세요.

1. I don't have any. Do you have some? 난 하나도 없어. 너는 좀 가지고 있니?

2. I have lots of carrots. Should I give you one? 난 당근이 많이 있어. 내가 하나 줄까?

수량형용사

수량형용사
- 기수: one, two, three 등
- 서수: first, second, third 등

1 수량형용사는 명사의 수와 양을 나타내는 형용사로 명사 앞에 위치해요. 수량형용사에는 many, much, a lot of, lots of, a few, few, a little, little 등이 있어요. many, a few, few는 셀 수 있는 명사 앞에, much, a little, little은 셀 수 없는 명사 앞에 쓰여요. a lot of, lots of, some은 셀 수 있는 명사와 셀 수 없는 명사 앞에 모두 쓰여요.

A lot of eggs are cooking in the pot.   많은 달걀을 냄비 안에 삶고 있다.

의미	셀 수 있는 명사에 사용	셀 수 없는 명사에 사용
많은	many	much
	a lot of, lots of	
약간 있는	a few	a little
	some	
거의 없는	few	little

 셀 수 있는 명사에 사용된 수량형용사에는 동그라미, 셀 수 없는 명사에 사용된 수량형용사에는 세모표 하세요.

1. There are a lot of dirty dishes.

2. Hurry up. We only have little time.

 윙키의 이야기를 읽고, 밑줄 친 문장에서 부정대명사와 수량형용사를 찾아 쓰세요.

Winky has a cooking class at school today.
He prepared some ingredients to make a salad.
He bought some lettuce and many eggs.
He also bought two apples. One was red and
the other was green. He realized that he needed
some carrots. So he asked for some from a friend.

＊ *ingredient* 재료   *lettuce* 양상추   *ask for* ~을 요청하다

1. 부정대명사: ....

2. 수량형용사: ....

 우리말 뜻에 알맞은 부정대명사에 동그라미 하세요.

1. 윙키는 이모가 둘 있다. 한 명은 마법사이고 다른 한 명은 요리사이다.

　　◐ Winky has two aunts. (One / The other) is a magician and (one / the other) is a cook.

2. 그의 이모는 두 분 모두 직업이 있다.

　　◐ (Both / None) of his aunts have jobs.

3. 어느 날, 이모 중 한 분이 윙키네 집을 갑작스럽게 방문했다.

　　◐ One day, (one / all) of his aunts visited Winky's home unexpectedly.

4. 가족 중 어느 누구도 이모가 올 것을 몰랐다.

　　◐ (All / None) of the family members knew she was coming.

5. 그의 이모는 티셔츠 세 장을 가져 오셨는데, 하나는 노란색이고, 또 다른 하나는 빨간색, 나머지 하나는 초록색이었다.

　　◐ His aunt brought three T-shirts, (one / all) was yellow, (the other / another) was red, and (the other / other) was green.

aunt 이모, 고모
unexpectedly
갑작스럽게, 뜻밖에

형광펜 쫙~악

부정대명사 중에는 긍정적인 의미와 부정적인 의미를 나타내는 것이 있어요.

의미	부정대명사
전체적인 긍정	all, both
전체적인 부정	none
부분적인 긍정	some
부분적인 부정	any

 some과 any 중에 어울리는 것에 동그라미 하세요.

1. Mom asked, "Do you want (some / any) coffee?"

2. My aunt said, "No, I'm fine. I had (some / any) already. I will be participating in a cooking competition with the kids."

3. Winky asked, "Do you need (some / any) help?"

participate
참가하다, 참여하다
competition
경쟁, 대회

알맞은 수량형용사에 동그라미 하세요.

1. That night, Winky read (a lot of / much) cookbooks.

2. A chef in the picture suddenly said,

   "Do you have (many / any) sugar? I have (few / little) sugar."

3. Winky gave (a lot of / many) sugar to him.

4. "Can you give me (some / none) apples? I have (a few / a little) apples."

5. Winky gave (a lot of / little) apples to him, too.

chef 요리사
suddenly 갑자기
said say(말하다)의 과거형

 빈칸에 공통으로 알맞은 수량형용사를 보기에서 찾아 쓰세요.

| a little   a lot of |

1. The chef is making _____ pies.

   He puts _____ flour into a bowl.

   He puts _____ butter into a bowl.

| a little   a few |

2. He puts _____ sugar into a bowl.

   He puts _____ salt into a bowl.

   He puts _____ milk into a bowl.

| a few   a little |

3. He puts _____ eggs into a bowl.

   He prepares _____ apples.

   He prepares _____ pumpkins.

 A 틀린 부분을 찾아 밑줄을 그은 후 바르게 고쳐 문장을 다시 쓰세요.

1. All of Winky's family members practices cooking for the cooking competition.

    ○ _____

practice 연습하다
noodle 국수, 면

2. They make two Italian dishes. All is pasta and the other is pizza.

    ○ _____

3. They need any pasta noodles and cheese to cook.

    ○ _____

4. All of them likes making Italian food.

    ○ _____

B 밑줄 친 수량형용사와 같은 의미의 단어를 보기에서 찾아 빈칸에 쓰세요.

| many | a little | much | a few |

fry (기름에) 튀기다, 볶다
frying pan 프라이 팬

1. Pinky buys <u>a lot of</u> noodles.

    ○ Pinky buys _____ noodles.

2. But she can't buy <u>a lot of</u> cheese.

    ○ But she can't buy _____ cheese.

3. Winky mixes <u>some</u> butter with flour.

    ○ Winky mixes _____ butter with flour.

4. He fries <u>some</u> mushrooms in the frying pan.

    ○ He fries _____ mushrooms in the frying pan.

의 지시에 맞게 문장을 바꾸어 쓰세요.

1. We cook some Italian food.

○ 부정문 _____

2. He likes some pizza.

○ 의문문 _____

3. Does she have any flour?

○ 긍정문 _____

4. Does she have any cheese?

○ 긍정문 _____

 그림을 보고, 빈칸에 알맞은 말을 보기에서 골라 쓰세요.

a few	a lot of

How to Make a Magic Potion

많은 물과 올빼미의 깃털 여러 개, 악어의 웃음 약간과

개미 다리를 약간 넣고 팔팔 끓이면 완성!

potion 물약
feather 깃털
alligator 악어

1. Pour _____ water into a pot.

2. Put _____ owl's feathers into the pot.

3. Put _____ alligator's smiles into the pot.

4. Put _____ ant's legs in the pot.

 핑키의 스파게티 요리법의 1~5번 중에 올바른 것을 모두 고르세요.

bell pepper 피망
stir-fry (기름에) 볶다

My Recipe: How to Make Spaghetti

Ingredients: spaghetti noodles, tomato sauce, shrimp, onion, bell pepper, mushrooms, oil, salt

1. Pour a lot of cups of waters into a pot. **2.** Then, put in the spaghetti noodles and add a little salt to the pot.
Cut the onion, bell peppers, and mushrooms into small pieces.

3. Add a little oil to a frying pan.

4. Stir-fry the shrimp, onion, much bell peppers, and mushrooms.

5. Stir-fry after adding a little tomato sauce and spaghetti noodles.

 빈칸에 알맞은 말을 보기에서 골라 넣어 문장을 완성하세요.

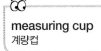
measuring cup
계량컵

| none | one | any | the other | all |

1 Oh, no. I didn't bring _____ measuring cups and spoons.

2 You can't use _____ kind of measuring cups in today's cooking competition.

3 _____ of the kids can see the recipe, but _____ of the adults can see it.

4 There are two dishes for today. _____ is risotto and _____ is pasta.

요리대회에서 제시한 요리법을 윙키와 핑키가 읽고 설명하고 있습니다. 빈칸에 알맞은 말을 보기에서 골라 쓰세요.

👀
risotto
리조또 (쌀, 야채 등이 들
어간 이태리 음식)

Today's Special

How to Make Cream Risotto

Ingredients rice, onion, mushrooms,
milk, cream, salt, pepper, oil

1. Cut the onion and mushrooms into small pieces.

2. Add a little oil to a frying pan.

3. Put all of the ingredients into the pan and stir-fry them.

4. Add a lot of milk and a little cream.

5. Lastly, add a little salt and pepper.

---

the other   all   one   a little   much

 What should I do first?

 Cut the onion and mushrooms into small pieces.

---

1. What do I have to do second?

　　Add _____ .

2. What do I fry in the frying pan?

　　Put _____ .

3. What do I have to do after frying everything?

　　Add _____ .

4. What should I do last?

　　Add _____ .

1. 다음 빈칸에 알맞은 단어를 고르세요.

> Can I have _____ tea?

① none   ② all   ③ some   ④ both

2. 다음 중 바르지 <u>않은</u> 문장을 고르세요.

① All of the students wear uniforms.
② None of the students scream.
③ Some of the students look at a mirror.
④ Both of the students has a watch.

3. 다음 빈칸에 알맞은 것을 순서대로 짝지은 것을 고르세요.

> • There are two bags on the sofa. My bag is
>   the green _____.
> • I have three hats. One is pink, _____ is
>   red, and _____ is blue.

① one – the other – another
② one – another – the other
③ the other – one – one
④ some – one – the other

4. 다음 부정대명사에 대한 설명 중 <u>잘못된</u> 것을 고르세요.

① one은 앞에 나온 「a/an＋명사」를 대신해서 쓰인다.
② one과 the other는 '둘 중 하나와 다른 하나'의 의미로 쓰인다.
③ some은 긍정문, any는 부정문에만 쓰인다.
④ 부정대명사란 정해져 있지 않은 사람이나 사물을 대신하는 대명사이다.

5. 다음 밑줄 친 부분과 바꿔 쓸 수 있는 단어를 고르세요.

> • I don't have <u>many</u> toys.
> • I can't drink <u>much</u> water.

① a lot of   ② some   ② all   ④ any

6. 다음 밑줄 친 단어와 바꿔 쓸 수 <u>없는</u> 것을 고르세요.

> Do you have <u>many</u> friends?

① a little   ② a lot of   ③ any   ④ lots of

7. 다음 중 바르지 <u>않은</u> 문장을 고르세요.

① A lot of butter is used in the pie.
② A little butter goes into baking the bread.
③ Many apples go into the pie.
④ A few salt goes into the bread.

8. 다음 중 **a little**과 함께 쓸 수 있는 단어를 고르세요.

① books   ② cookies   ③ apples   ④ salt

9. 그림을 보고, 빈칸에 알맞은 말을 넣어 질문을 완성하세요.

◌ Would .... milk?

10. 다음 우리말을 영어로 바꿔 쓰세요.

1) 나는 두 개의 연필을 가지고 있다. 하나는 길고 다른 하나는 짧다.

◌ ....

2) 나는 약간의 소금을 가지고 있다.

◌ ....

나만의 마법 약을 만들어 보아요.

아래 재료를 얼마나 넣느냐에 따라 여러 가지 마법 약을 만들 수 있어요.
재료를 이용하여 넣고 싶은 만큼의 수량을 적어 나만의 마법 약을 만들어 보세요.

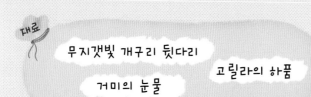

재료
무지갯빛 개구리 뒷다리
고릴라의 하품
거미의 눈물

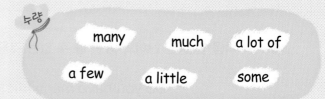

수량
many   much   a lot of
a few   a little   some

rainbow-colored frog's leg

gorilla's yawn

spider's tears

Add _____ rainbow-colored frog legs to a jar.

Add _____ spider's tears.

Add _____ gorilla's yawn.

Stir a lot with a rice paddle and then you are finished.

*rice paddle 주걱

Unit 3

접속사

'그녀는 착해. 그녀는 예뻐.'라는 두 문장은 '그녀는 착하고(and) 예뻐.'라는 한 문장으로 쓸 수 있어. 이게 바로 접속사가 가진 신기한 역할이라는 거지!

⭐ 등위접속사는 단어, 구, 절 등을 대등한 관계로 연결하는 접속사예요.

Winky <u>and</u> Pinky like computer games.
        등위접속사

윙키와 핑키는 컴퓨터 게임을 좋아한다.

⭐ 종속접속사는 절과 절을 대등하지 않은 관계로 연결하는 접속사예요.

It's not good <u>that</u> kids play computer games too much.
             종속접속사

아이들이 컴퓨터 게임을 너무 많이 하는 것은 좋지 않다.

 **등위접속사**

① 등위접속사란 단어와 단어, 구와 구, 절과 절 등을 대등한 관계로 연결하는 접속사를 말해요.

(1) **and**: 여러 내용을 나열하거나, 어떤 일을 순서대로 말할 때 써요.

Pinky makes her ID with letters **and** numbers for the
<small>명사+and+명사</small>
online game. 핑키는 온라인 게임을 위해 문자와 숫자로 아이디를 만든다.

(2) **or**: 둘 중에 선택을 해야 할 때 써요.

She also makes her password with letters **or** numbers.
<small>명사+or+명사</small>

그녀는 또한 문자나 숫자로 패스워드를 만든다.

(3) **but**: 앞, 뒤의 내용이 반대일 때 써요.

This online game is hard **but** fun for her.
<small>형용사+but+형용사</small>

이 온라인 게임은 그녀에게는 어렵지만 재미있다.

접속사란?
단어와 단어, 구와 구, 절과 절을 연결하는 역할을 해요.
등위접속사
and(그리고), or(또는), but(그러나), so(그래서)

② 등위상관접속사는 한 쌍으로 이루어진 접속사로 단어와 단어, 구와 구, 절과 절을 대등하게 연결할 때 써요.

등위상관접속사	뜻	등위상관접속사	뜻
both A and B	A와 B 모두	not A but B	A가 아니라 B
either A or B	A 또는 B 중의 하나	not only A but also B (= B as well as A)	A뿐만 아니라 B도 (또한)
neither A nor B	A도 B도 아닌		

등위상관접속사에서 A와 B는 품사와 생긴 모양이 비슷해야 해요. 즉, A가 형용사이면 B도 형용사, A가 명사이면 B도 명사여야 해요.

Winky needs **both** an ID **and** a password to play the card game.
카드 게임을 하기 위해서 윙키는 아이디와 패스워드 둘 다 필요하다.

He likes **not only** the card game **but also** the speed game.
그는 카드 게임뿐 아니라 스피드 게임도 좋아한다.

check 등위접속사나 등위상관접속사에 동그라미 하고, 그 접속사의 우리말 뜻을 쓰세요.

1. He needs a coupon or e-money to play the game. ....

2. Both Winky and Pinky like the board game. ....

 **종속접속사**

종속접속사가 있는 절: 종속절
종속접속사가 없는 절: 주절

We can't believe
(주절)
that he died.
(종속절)

① 종속접속사는 대등하지 않은 관계로 연결하는 접속사를 말해요.

(1) **that**: that이 종속접속사로 쓰이면 '~라는 것'으로 해석해요.

The problem is **that** he doesn't have any e-money.

문제는 그가 e-머니가 없다는 것이다.

that이 이끄는 종속
절은 문장에서 주어,
목적어, 보어로 쓰여
요.

(2) **if**: 종속접속사 if(= whether)는 '~인지 아닌지'라는 뜻이에요.

He doesn't know **whether** he can win the game.

그는 그 게임에서 이길 수 있는지 아닌지 모른다.

(3) 그 외의 종속접속사

종속접속사	예	종속접속사	예
시간	when ~할 때, ~하면 while ~하는 동안에 before ~하기 전에 after ~한 후에 till /until ~할 때까지 since ~한 이후로	조건	if 만약 ~라면 unless 만약 ~이 아니 라면
		양보	although / though 비록 ~이지만, ~일지라 도
이유	because ~ 때문에 as ~이므로 since ~한 까닭에	결과	so ... that ~ 너무 …해서 ~하다

He can't play this game anymore **because** he doesn't have any e-money. 그는 e-머니가 없기 때문에 더 이상 이 게임을 할 수 없다.

He can play the game **if** Pinky gives some e-money to him.

그는 만약 핑키가 e-머니를 그에게 주면 그는 게임을 할 수 있다.

 종속접속사에 동그라미 하고, 그 접속사의 우리말 뜻을 쓰세요.

1. He is not sure whether his mom will come late. ⎯⎯⎯⎯⎯⎯⎯⎯⎯

2. He'll do his homework after he plays the game. ⎯⎯⎯⎯⎯⎯⎯⎯⎯

Story **G**rammar 윙키의 이야기에서 등위접속사와 종속접속사를 찾아 써 보세요.

Winky and Pinky play a game. They choose their characters when they start it. The characters move by running or jumping. They get either a coin or an item if their characters jump on the rock. Who's going to win? Winky and Pinky bet on granting the winner's wish.

＊ *item* 아이템 *bet* 돈을 걸다, 내기를 하다 *grant* 들어주다, 인정하다

1. 등위접속사 : ⎯⎯⎯⎯⎯⎯⎯⎯⎯⎯⎯⎯⎯⎯⎯⎯⎯⎯

2. 종속접속사 : ⎯⎯⎯⎯⎯⎯⎯⎯⎯⎯⎯⎯⎯⎯⎯⎯⎯⎯

A 알맞은 접속사를 골라 동그라미 하세요.

1. Winky (and / but) Pinky go to buy a computer.

2. Winky wants to buy a laptop (and / but) Pinky doesn't want to buy it.

3. Winky asks the shopkeeper about the pros (and / but) cons of the laptop.

4. The design (but / and) the performance of the laptop is very important.

5. The shopkeeper says that they give a mouse (but / or) a keyboard as a gift.

laptop 노트북
shopkeeper 가게 주인
pros and cons 장단점
design 디자인
performance 성능
mouse (컴퓨터) 마우스
keyboard (컴퓨터) 자판
gift 사은품, 선물

B 등위상관접속사를 골라 밑줄을 긋고, 그 접속사의 뜻을 쓰세요.

1. Both Winky and Pinky need a computer.

....

2. Either Winky or Pinky can use the computer only on the weekend.

....

3. Neither he nor she can play computer games before a test.

....

4. The reason he needs a computer is not because of games but because of his homework.

....

5. Not only Winky but also Pinky will study hard for the test.

....

weekend 주말

형광펜 쫘~악
등위상관 접속사
• both A and B
  A와 B 둘 모두
• either A or B
  A와 B 둘 중 하나
• neither A nor B
  A도 B도 아닌
• not A but B
  A가 아니라 B
• not only A but also B
  A뿐만 아니라 B도 (또한)

C 알맞은 종속접속사를 골라 동그라미 하세요.

1. Winky thinks (after / that) this game is fun.

2. He doesn't know (if / though) he can win the game.

3. The problem is (that / when) it's hard to memorize shortcut keys.

4. Winky realized (as / that) he made a mistake during the game.

5. He is not sure (if / as) he can make up for his mistake.

6. His parents worry (unless / that) he plays computer games too much.

memorize 기억하다, 암기하다

shortcut key (컴퓨터) 단축키

realize 깨닫다, 실감하다

make a mistake 실수하다

during ~동안, ~ 내내 (기간)

make up for one's mistake 실수를 만회하다

worry 걱정하다

형광펜 쫘~악

• if가 명사절을 이끄는 종속접속사로 쓰일 때: ~인지 아닌지

• if가 부사절을 이끄는 종속접속사로 쓰일 때: 만약 ~라면

D 밑줄 친 부분에서 접속사를 찾아 쓰고, 그 접속사의 뜻을 쓰세요.

1. Winky can play online games <u>if his mom allows him to do</u>.

   접속사: .... 뜻: ....

2. He can play online games <u>after he finishes his homework</u>.

   접속사: .... 뜻: ....

3. He can't join the game <u>unless he makes an ID</u>.

   접속사: .... 뜻: ....

4. He feels very happy <u>when he is playing games</u>.

   접속사: .... 뜻: ....

5. He lost the game even <u>though he knew how to play it</u>.

   접속사: .... 뜻: ....

6. He got angry <u>because he lost the game</u>.

   접속사: .... 뜻: ....

allow 허락하다

even though (though의 강조형) 심지어 ~인데도

 빈칸에 알맞은 접속사를 보기에서 골라 넣어 문장을 완성하세요.

| and | but | or |

French fries
감자튀김
taste great 맛이 좋다
next to ~ 옆에
master 숙달하다, 통달하다

1. Winky _____ Dinky went home after school.

2. Which do they like better, hamburgers _____ French fries?

3. Junk food tastes great _____ it is bad for them.

4. He's doing his homework on the computer _____ Dinky is eating a hamburger next to him.

5. Dinky wants to use the computer _____ he doesn't know how to use it.

6. He has to learn how to use the computer _____ master it by himself.

B 빈칸에 알맞은 상관접속사를 보기에서 골라 넣어 문장을 완성하세요.

| both | either | neither | but |

coupon 쿠폰
barrier 장애물
bomb 폭탄
defend 방어하다, 지키다
skill 기술, 솜씨

1. _____ Minky and Dinky are good at games.

2. They can buy items with _____ coupons or e-money.

3. She needs _____ shoes or wings to go over the barrier.

4. He needs _____ an umbrella and the sun.

5. They need _____ guns nor bombs to defend themselves.

6. They need not only items _____ also skill to win the game.

C ( ) 안의 단어를 바르게 배열하여 문장을 완성해 다시 쓰세요.

1. Winky thinks (hard test that typing the is).

   ➲ _____

2. He realized (mistake that a he made).

   ➲ _____

3. He doubts (test whether can he do well on the).

   ➲ _____

4. Mom prayed (does that well Winky test on the).

   ➲ _____

5. His mom is not sure (he if test will pass the).

   ➲ _____

D 컴퓨터 게임 광고입니다. 빈칸에 알맞은 종속접속사를 보기에서 골라 쓰세요.

> that   if   though   when

Are you worried that you got a bad math score?

You couldn't get a high score even _____ you studied hard? Use this game _____ you don't know the math you learned at school. This game is so easy _____ even beginners can use it easily.

We offer a money-back guarantee _____ your math score doesn't improve after playing this game.

 ( ) 안의 접속사를 알맞은 위치에 넣어 문장을 다시 쓰세요.

> Winky plays computer games reads books during break. (or)
>
> ↪ Winky plays computer games **or** reads books during break.

mine 지뢰
permission 허락

1. The mine game the chess game are his favorite computer games. (and)

   ↪ ....

2. The chess game is fun hard. (but)

   ↪ ....

3. Dinky knows Winky's ID password. (and)

   ↪ ....

4. They need Mom's Dad's permission to play computer games. (or)

   ↪ ....

B ( ) 안의 등위상관접속사를 사용하여 우리말을 영어로 쓰세요.

1. 핑키와 윙키 둘 중 한 명은 집에 남아야 한다. (either ~ or)

   ↪ ....

2. 엄마와 아빠 두 분 모두 집에 늦게 오신다. (both ~ and)

   ↪ ....

3. 딩키도 밍키도 집에 없다. (neither ~ nor)

   ↪ ....

4. 그뿐만 아니라 그녀도 컴퓨터를 사용해야 한다. (as well as)

   ↪ ....

5. 우리는 게임을 하기 위해서가 아니라 공부를 하기 위해서 컴퓨터가 필요하다. (not ~ but)

   ↪ ....

형광펜 쫘~악

• both A and B가 주어로 오면 복수 취급 해요.
• both A and B를 제외한 나머지 모든 등위상관접속사가 주어로 오면 B의 인칭과 수에 동사를 일치시켜요.

윙키가 만든 컴퓨터 게임 사용에 관한 설문지를 읽고, 빈칸에 알맞은 종속접속사를 보기에서 골라 넣어 문장을 다시 쓰세요.

> if   when   whether   after   because

Survey on Playing Computer Games	YES	NO
· I think playing computer games is fun.		
· I get irritated **1)** _____ I play computer games.		
· I can't distinguish **2)** _____ the characters from computer games are real.		
· I'm very happy **3)** _____ I'm playing computer games.		
· I play computer games **4)** _____ I'm having a hard time.		
· I lied to my parents about the time I spend on the Internet.		
· The world will be boring **5)** _____ I can't play computer games.		
· I play computer games **6)** _____ everyone falls asleep.		
· I wake up late **7)** _____ I play computer games until late.		
· I like my online friends more than my school friends.		

1. ➡ _____

2. ➡ _____

3. ➡ _____

4. ➡ _____

5. ➡ _____

6. ➡ _____

7. ➡ _____

1. 다음 중 접속사와 우리말 뜻이 일치하지 <u>않는</u> 것을 고르세요.

① and : 그리고 　② but : 그러나 　③ or : 또는 　④ so : ~에도 불구하고

2. 다음 빈칸에 알맞은 접속사를 고르세요.

> He likes apples, strawberries, _____
> bananas.

① and 　② but 　③ or 　④ so

3. 다음 빈칸에 공통으로 알맞은 접속사를 고르세요.

> • Which pets do you like, dogs _____ cats?
> • Do I have to turn right _____ left?

① and 　② but 　③ or 　④ so

4. 다음 중 접속사가 <u>잘못</u> 쓰인 문장을 고르세요.

① Both he or she are students.
② This meat is not beef but pork.
③ Either you or she has to clean up.
④ He's good at not only English but also Chinese.

5. 다음 빈칸에 알맞은 접속사를 순서대로 바르게 나열한 것을 고르세요.

> • He is not taking the bus _____ walking
>   to school.
> • He is smart _____ handsome.

① and – or 　② but – and 　③ or – and 　④ but – or

6. 다음 중 빈칸에 알맞은 접속사가 <u>다른</u> 것을 고르세요.

① Eat bread _____ you're hungry.

② I doubt _____ he's honest.

③ I think _____ she's smart.

④ I'm not sure _____ she's going to come on time.

7. 다음 빈칸에 공통으로 알맞은 접속사를 쓰세요.

- It's a lie _____ he told the fact.
- We know _____ he came late.

8. 다음 빈칸에 알맞은 접속사를 순서대로 쓰세요.

- _____ I was listening to music, my sister was watching TV.
- We will be late _____ we don't leave now.
- People go to the hospital _____ they are sick.

9. 다음 두 문장이 같은 뜻이 되도록 빈칸에 알맞은 접속사를 순서대로 쓰세요.

I brush my teeth _____ I go to bed.

= I go to bed _____ I brush my teeth.

10. 다음 (   ) 안의 단어를 바르게 배열하여 문장을 다시 쓰세요.

1) He liked to play the piano (he when young was).

   ➡ ....

2) I made a lot of friends (to I since Busan moved).

   ➡ ....

미국 국경일 (National Holiday)

Easter (March 22~April 25)

부활절은 예수님의 부활을 기념하는 날로, 춘분 이후 보름달이 뜬 뒤 첫째 주 일요일을 부활절로 지키고 있어요. 알록달록한 색깔의 달걀과 토끼(Easter Bunny)가 부활절의 상징이에요.

Independence Day (July 4)

1776년 미국의 13개 주가 영국으로부터 독립한 날을 기념하는 날이에요. 1776년 Thomas Jefferson이 필라델피아에서 독립선언문을 채택한 날로, 미국 전역에서는 미국이라는 나라의 공식적인 탄생을 기념하며 불꽃놀이, 퍼레이드, 바비큐 등을 즐긴다고 해요.

Thanksgiving Day (4th Thursday of November)

추수감사절은 미국대륙에 최초로 정착했던 청교도들을 기리는 날로, 농사를 지을 수 있도록 도와준 고마운 인디언들에게 감사의 마음을 전해요.

대다수 가정에서는 가족끼리 모여 turkey with cranberry sauce와 mashed potatoes를 먹고, pumpkin pie나 pecan pie를 디저트로 먹어요.

부정사

동사원형 앞에 to가 붙으면 다양한 역할을 하는 'to부정사'가 돼.

원형부정사와 '의미상의 주어'라는 것도 있으니까 함께 알아보자.

⭐ to부정사는 「to+동사원형」의 형태로 문장에서 명사, 형용사, 부사의 역할을 해요.

He likes to ride the train. 그는 기차 타는 것을 좋아한다.
　　　　　to부정사(to+동사원형)

⭐ to부정사 또는 원형부정사의 의미상의 주어는 문장의 주어와 일치하지 않는 경우에 쓰여요.

I helped him ride the train. 나는 그가 기차 타는 것을 도와주었다.
문장의 주어　의미상의 주어　원형부정사(동사원형)

to부정사의 형태와 용법

부정사:품사가 정해져 있지 않은 동사형이라는 뜻이에요.
부정사의 종류
• 「to＋동사원형」의 형태로 쓰이는 to 부정사
• to 없이 동사원형만 오는 원형부정사

1 to부정사는 「to＋동사원형」의 형태로 오며, 문장에서 명사, 형용사, 또는 부사의 역할을 해요.

(1) 명사적 용법 to부정사가 명사처럼 주어, 목적어, 보어로 쓰이며 '~하는 것, ~하기'로 해석해요.

• 주어 **To buy** a ticket is fun. 표를 사는 것은 재미있다.

• 목적어 He wants **to buy** a ticket. 그는 표를 사기를 원한다.

• 보어 His plan is **to buy** a ticket. 그의 계획은 표를 사는 것이다.

(2) 형용사적 용법 to부정사가 형용사처럼 명사를 꾸며 주는 역할을 하며 '~할, ~하는'으로 해석해요.

He has a book **to read**. 그는 읽을 책이 있다.

(3) 부사적 용법 to부정사가 부사처럼 동사, 형용사, 다른 부사, 문장 전체를 꾸며주는 역할을 해요. '~해서(원인), ~하기 위해서(목적), ~해서 …하다(결과)' 등으로 해석해요.

• 원인 I am very happy **to ride** the train. 나는 기차를 타서 매우 행복하다.

• 목적 I go to Busan **to visit** my grandmother.
나는 할머니를 방문하기 위해서 부산에 간다.

• 결과 My grandfather lived **to be** 100 years old.
나의 할아버지는 오래 사셔서 100세이셨다.

 우리말 뜻을 보고, 빈칸에 알맞은 단어를 쓰세요.

1. I don't like ＿＿＿＿＿ sleep on the train. 나는 기차에서 자는 것을 싫어한다.

2. We buy something ＿＿＿＿＿ eat. 우리는 먹을 것을 산다.

의미상의 주어와 원형부정사

1 부정사는 동사의 성질을 가지고 있어서, 행위의 주체를 나타낼 경우에 의미상의 주어를 써요.

(1) 주어와 일치할 경우 의미상의 주어를 따로 쓰지 않아요.

He wants **to eat** chicken. 그는 치킨을 먹기를 원한다.
문장의 주어→to eat의 주체도 he

(2) 목적어가 부정사의 의미상의 주어가 되는 경우 주어＋동사＋목적어＋to부정사

He wants her **to eat** chicken. 그는 그녀가 치킨을 먹기를 원한다.
문장의 주어   의미상의 주어→ to eat의 주체가 her

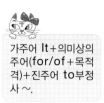

(3) 의미상의 주어 앞에 전치사가 오는 경우

- It is ~ for+목적격+to부정사

It is impossible **for him to buy** chicken on the train.

「for+목적격」이 의미상의 주어 → to buy의 주체가 him

그가 기차에서 치킨을 사는 것은 불가능하다.

- It is ~+사람의 성질을 나타내는 형용사+of+목적격+to 부정사

It's nice **of her to give** us some bread instead of chicken.

「of+목적격」이 의미상의 주어 → to give의 주체가 her

그녀가 우리에게 치킨 대신 빵을 주다니 친절하다.

가주어 It+의미상의 주어(for/of+목적격)+진주어 to부정사 ~.

사람의 성질을 나타내는 형용사 kind, wise, nice, careful 등

② 원형부정사는 to 없이 동사원형만 있는 형태로, 지각동사나 사역동사와 함께 쓰여요.

(1) 지각동사(see, hear, watch, feel, look at 등)+목적어+원형부정사

I **saw** her **buy** the cookies.　나는 그녀가 쿠키를 사는 것을 보았다.

지각동사+목적어+원형부정사

(2) 사역동사(make, let, have, help 등)+목적어+원형부정사

I **had** her **pick** up the trash.　나는 그녀가 쓰레기를 줍도록 했다.

사역동사 + 목적어 + 원형부정사

지각동사: 사람의 감각을 나타내는 동사

사역동사: 어떤 일을 하도록 시키는 동사

* help 다음에는 to 부정사와 원형부정사가 모두 같이 올 수 있어요.

Check ( ) 안의 단어 중에 알맞은 것에 동그라미 하세요.

It's possible (for / of) her to lose weight. He had her (throw / to throw) away the cookies.

윙키의 이야기에서 부정사를 찾아 보세요.

¹⁾To make new friends is very interesting.
Winky feels someone looking at him.
That makes him feel a little nervous.
²⁾He wants to talk to her. ³⁾She has a sibling to go with. ⁴⁾Winky is very glad to sit by her.

＊ **sibling** 형제, 자매

1. 밑줄 친 문장에서 to부정사를 찾아 동그라미 하고, 그 to부정사의 용법을 쓰세요.

1) ....　2) ....　3) ....　4) ....

2. 원형부정사가 쓰인 문장을 찾아 쓰고, 그 문장의 뜻을 쓰세요.

➡ ....

 알맞은 말에 동그라미 하세요.

1. (Visit / To visit) my grandmother's house is fun.

2. His plan is (stay / to stay) there for a week.

3. He hates (get lost / to get lost) on his way there.

4. He doesn't want (ask / to ask) people for a favor.

5. He starts (look / to look) at a map.

6. (Read / To read) a map is so difficult.

7. The easy way is (make / to make) a guide robot.

8. His goal is (arrive / to arrive) at his grandmother's house in 5 minutes.

get lost on one's way 길을 잃다
ask for a favor 부탁하다
guide 안내; 안내하다
in ~ minutes ~분 안에

형광펜 쫘~악
to부정사는 문장의 시제나 인칭에 상관없이 항상 「to+동사원형」을 써요.

 보기처럼 ( ) 안의 동사 형태를 알맞게 바꾸어 빈칸에 쓰세요.

> He wants to meet his cousin. (meet)

1. He went there _____ with his cousin. (play)

2. He was glad _____ her. (see)

3. His cousin grew up _____ a singer. (is)

4. Her songs are really good _____ to. (listen)

5. He bought something _____ to her. (give)

6. The present will be helpful _____ her voice. (protect)

grow up 자라다, 성장하다
singer 가수
bought buy(사다)의 과거형

형광펜 쫘~악
am, are, is, was, were의 동사원형은 be 예요.

빈칸에 **for**와 **of** 중 알맞은 것을 골라 쓰세요.

1. I opened the door _____ the baby to come in.
2. It's very kind _____ you to take care of the baby.
3. I moved the cup _____ her to kick the ball.
4. It's dangerous _____ her to go on the table.
5. It's hard _____ you to lift the baby.
6. It was the first time _____ him to take care of the baby.
7. It's not nice _____ the baby to suck her finger.
8. It's impossible _____ the baby to stay still.

 알맞은 말에 동그라미 하세요.

1. He heard his cousin (sing / to sing).
2. He saw her (dance / to dance).
3. She had him (sing / to sing) a solo.
4. I saw the baby (break / to break) the dishes.
5. She made me (clean / to clean) the room.
6. Let me (know / to know) your musical talents.
7. She helped him (sing / to sing).
8. We saw her (do / to do) some magic.

Quiz Time ★ 기본튼튼

A 그림을 보고, 빈칸에 알맞은 동사를 보기에서 골라 to부정사 형태로 바꾸어 쓰세요.

| buy   take   give   read   taste   cook |

1. My grandmother likes _____ in the kitchen.
2. _____ vegetables at the market is very expensive.
3. She sits on the chair _____ a rest.
4. She has a recipe book _____ .
5. She makes a special meal _____ them.
6. She is shocked _____ it.
   It's too spicy!

B 틀린 부분을 찾아 동그라미 하고, 바르게 고쳐 문장을 다시 쓰세요.

1. Our habit is clean the house before dinner.

   ➔ _____

2. He likes to cleaned his grandmother's house.

   ➔ _____

3. He decides make a robot.

   ➔ _____

4. He uses the robot help him.

   ➔ _____

5. He also wishes for the robot to cooked his meal early.

   ➔ _____

C 밑줄 친 부분을 바르게 고쳐 문장을 다시 쓰세요.

1. It's a great pleasure <u>me for to play</u> a game with them.

   ➡ ....

2. She doesn't want <u>us lose to</u> the game.

   ➡ ....

3. It was surprising <u>her to for use</u> a trick.

   ➡ ....

4. It's not honest <u>her to of ignore</u> the rules.

   ➡ ....

5. It's nice <u>him of to help</u> his younger siblings.

   ➡ ....

pleasure 기쁨
trick 속임수
honest 정직한
ignore 무시하다

D 단어들을 올바르게 배열하여 문장을 다시 쓰세요.

1. Mom (my younger sister made shuffle) the cards.

   ➡ ....

2. (Let know me) when it is my turn.

   ➡ ....

3. He (me deal had) the cards.

   ➡ ....

4. I (her saw change) a card.

   ➡ ....

5. Games (me help relieve) my stress.

   ➡ ....

shuffle 섞다
turn 순서
deal (카드를) 돌리다, 나누다
relieve
(불쾌감, 고통 등을) 덜어
주다

Quiz Time 실력 쑥쑥

A 보기에서 알맞은 동사를 골라 to부정사의 형태로 바꾸어 빈칸에 쓰세요.

| meet | read | draw | understand | go | do |

art gallery 미술관
artwork 미술 작품
brochure 설명 책자

1 I like _____ pictures.

2 Where do you want _____?

3 I wish _____ a famous artist.

4 Artwork is hard for me _____.

5 Don't worry. We have a brochure _____.

6 Hey! I have a lot of art homework _____.

B 윙키가 온가족의 선물 교환 시간을 마련했습니다. ( ) 안의 주어가 부정사의 의미상의 주어가 되도록 빈칸에 알맞은 말을 쓰세요.

thoughtful 사려 깊은

1. How wise _____ to prepare this event! (you)

2. I gave some money to _____ to buy a gift. (Pinky)

3. That's very thoughtful _____ to give Pinky some money. (you)

4. There is no need _____ to hurry. (you)

5. I helped _____ to come out. (he)

C 윙키의 일기를 읽고, ( ) 안의 동사를 변형하여 빈칸에 쓰세요.

I went to my grandmother's house because today is a holiday.

1. Mom made me _____ neat clothes. (wear)
2. Dad made us _____ on the train. (ride)
3. We felt the train _____. (shake)
4. My grandmother had us _____ some delicious food. (eat)
5. I heard my cousin _____. (sing)

1. 다음 부정사에 대한 설명 중 <u>잘못된</u> 것을 고르세요.

① to부정사는 명사의 역할을 할 수 있다.

② to부정사의 주어가 문장 전체의 주어와 다를 수도 있다.

③ 부정사의 종류에는 to 없이 동사원형만 오는 경우도 있다.

④ to부정사는 인칭에 따라 to 뒤에 오는 동사의 형태가 바뀐다.

2. 다음 중 올바른 문장을 고르세요.

① Travel around the world is fun.

② I hope travel around the world.

③ My dream is to travel around the world.

④ I packed my bag travel around the world.

3. 다음 빈칸에 공통으로 알맞은 단어를 고르세요.

- I have a book _____ read.
- I like _____ play soccer.

① to   ② that   ③ at   ④ in

4. 다음 중 밑줄 친 **to**의 쓰임이 <u>다른</u> 것을 고르세요.

① I need water <u>to</u> drink.

② I like <u>to</u> read a book.

③ I went <u>to</u> the park.

④ My dream is <u>to</u> become a doctor.

5. 다음 대화의 빈칸에 알맞은 것을 고르세요.

A: I'm happy to _____ you.

B: Me too.

① meet   ② meets

③ to meet   ④ met

6. 다음 중 부정사의 주어와 문장의 주어가 <u>다른</u> 것을 고르세요.

① I decided to become a police officer.

② I don't like to take medicine.

③ Her plan is to go to the swimming pool.

④ I like her to come to my house.

7. 다음 대화의 빈칸에 알맞은 단어를 순서대로 바르게 나열한 것을 고르세요.

> A: I prepared some food _____ her to eat.
>
> B: It's nice _____ you to act that way.

① for – of   ② of – for

③ in – at   ④ on – at

8. 다음 중 올바른 문장을 고르세요.

① She made me to clean neatly.

② I helped her to walk.

③ She saw him to pass the ball.

④ I heard someone to call my name.

9. 다음 빈칸에 알맞은 것을 고르세요.

> Let me _____ your phone number.

① know   ② knows

③ to know   ④ knew

10. 다음 중 올바른 문장을 고르세요.

① Snow makes me to shiver.

② Let me to introduce myself.

③ He made me read the book.

④ She helped me to studied hard.

미국의 가족 관계와 호칭을 알아볼까요?

미국에서는 가족 관계에서 부르는 호칭이 정해져 있지만 이름으로 상대방을 호칭하는 경우가 많아요.
아래 그림을 참고해 볼까요?

Unit

5

동명사

동사 뒤에 -ing를 붙이면
'동명사'로 변신!
동명사의 모든 것에
대해 알아보자!

⭐ 동명사는 동사의 의미를 가지면서 명사의 역할을 해요.

He likes <u>watching</u> movies.

그는 영화 보는 것을 좋아한다.

⭐ 동명사만을 목적어로 쓰는 동사들에는 enjoy, mind, avoid 등이 있어요.

Do you <u>mind</u> <u>lending</u> me this videotape?

이 비디오 테이프 빌려줄 수 있니?

동명사의 의미와 역할

1 동명사는 동사이 성질을 가진 명사에요. 해서은 '~하기' 또는 '~하는 것'이라고 해요. 동명사는 동사원형에 **-ing**를 붙여 만들어요.

Being a movie director is cool. 영화감독이 되는 것은 멋진 일이다.
동명사

> 동명사
> 동사+ -ing

2 동명사는 문장에서 주어, 보어, 목적어 역할을 해요.

(1) 주어 역할 **Making** a film is creative work. 영화를 만드는 것은 창의적인 일이다.
주어

(2) 보어 역할 His parents' hobby is **watching** movies.
보어

그의 부모님의 취미는 영화를 보는 것이다.

(3) 목적어 역할 His dad enjoys **watching** SF movies.
목적어

그의 아빠는 SF 영화 보기를 즐긴다.

(2) 전치사의 목적어 역할 His mom is fond of **watching** romantic comedies.
전치사의 목적어

그의 엄마는 로맨틱 코미디 보는 것을 좋아한다.

> 동명사의 역할
> · 주어: ~하기는, ~하는 것은
> · 보어: ~하기, ~하는 것이다
> · 목적어: ~하기를, ~하는 것을
> · 전치사의 목적어

Check 문장에 쓰인 동명사가 주어이면 동그라미, 보어이면 세모, 목적어이면 네모표 하세요.

1. My family's hobby is watching movies. ....

2. My dad suggested watching TV. ....

3. Making popcorn is very easy. ....

동명사가 들어간 표현

1 동명사의 부정형은 동명사 앞에 not 또는 never를 붙여 만들어요.

Winky felt sorry about **not** buying any Coke on his way home.
윙키는 집에 오는 길에 콜라를 사오지 않은 것을 미안해했다.

2 동명사를 목적어로 사용하는 동사들

동사	뜻	동사	뜻	동사	뜻
enjoy	즐기다	mind	꺼리다	finish	끝내다
avoid	피하다	quit	그만두다	give up	포기하다
admit	인정하다	suggest	제안하다	discuss	의논하다

They **enjoy** having popcorn and Coke while watching a movie.
그들은 영화를 보면서 팝콘과 콜라를 먹는 것을 즐긴다.

 3 동명사의 관용표현들

관용표현	뜻	관용표현	뜻
go -ing	~하러 가다	be busy -ing	~하느라 바쁘다
feel like -ing	~하고 싶다	be worth -ing	~할 가치가 있다
cannot help -ing	~하지 않을 수 없다	be tired of -ing	~하는 것에 싫증난다

This movie **is worth** watch**ing**. 이 영화는 볼 가치가 있다.

 문장에서 동명사의 부정형이 맞으면 동그라미, **틀리면** 세모표 하세요.

1. Pinocchio enjoyed not telling the truth. ....

2. He was ashamed of lying not to his grandfather. ....

그 외 관용표현들
- **look forward to -ing:** ~을 고대하다
- **be afraid of -ing:** ~을 두려워하다
- **have a problem -ing:** ~하는 문제를 가지고 있다
- **be excited about -ing:** ~에 흥분하다
- **on -ing:** ~하자마자
- **be used to -ing:** ~에 익숙하다
- **It is no use -ing.:** ~해봐야 소용없다(= There is no use -ing.)
- **insist on:** ~을 주장하다

윙키의 이야기를 읽고, 밑줄 친 문장에 쓰인 동명사를 찾아 모두 써 보세요.

There is an audition for *The Wizard of Oz* next month. Pinky's wish is to play the role of Dorothy. Winky looks forward to playing the role of the Tinman. Preparing for the audition is hard but fun. Pinky and Winky are busy practicing. They anticipate going to the audition.

＊ *audition* 오디션 *wizard* 마법사 *play a role* 역할을 맡아 하다 *anticipate* 기대하다

동명사:

 A 알맞은 것을 골라 동그라미 하세요.

1. Dorothy feels like (meeting / meet) the Wizard of Oz.

2. The scarecrow minds not (have / having) wisdom.

3. The Tinman looks forward to (having / has) a heart.

4. The lion is afraid of (live / living) in the dark.

5. (Finding / Find) the Wizard of Oz is not easy.

6. They have a problem (go / going) back home.

7. Dorothy's aunt is excited about her (come / coming) home.

 B 보기와 같이 밑줄 친 동명사가 문장에서 하는 역할을 빈칸에 쓰세요.

Participating in an audition makes people very nervous. 주어

1. Memorizing the lines is difficult. ....

2. Winky's hope is playing the role of the Tinman. ....

3. Watching *The Wizard of Oz* helps him prepare for the audition. ....

4. Dad is proud of Winky and Pinky participating in the audition. ....

5. Dinky is excited about following them to the audition.

   ....

6. Pinky spends a lot of time practicing the song.

   ....

C 틀린 표현을 찾아 동그라미 하고, 바르게 고쳐 문장을 다시 쓰세요.

1. Winky suggests to watch movies on weekends.

   ➡ ....

2. Mom anticipates the whole family gather on the weekend.

   ➡ ....

3. Pinky enjoys to imitate the character from the movie.

   ➡ ....

4. Winky mimics Jim Carrey's way of speak.

   ➡ ....

5. Watch the movie with Pinky is really nice.

   ➡ ....

imitate 모방하다
mimic 흉내내다

D 동명사의 관용적 표현에 밑줄을 긋고, 그 표현의 우리말 뜻을 쓰세요.

1. This movie is worth watching with one's family.

   ➡ ....

2. The parents feel like watching the movie as a family.

   ➡ ....

3. Pinky is tired of watching a movie every weekend.

   ➡ ....

4. She cannot help watching a movie with her family.

   ➡ ....

5. Actually, she wants to go shopping with her friends.

   ➡ ....

actually
실제로, 사실은

Quiz Time 기본튼튼

A (　　　) 안의 단어를 동명사 형태로 바꾸어 빈칸에 쓰세요.

1. Pinky's hobby is ＿＿＿＿＿＿ pictures of Angelina Jolie. (collect)
2. ＿＿＿＿＿＿ her picture directly is hard. (take)
3. Pinky is busy ＿＿＿＿＿＿ pictures of her. (buy)
4. She considers ＿＿＿＿＿＿ her class at the private institute. (skip)
5. She eventually gave up ＿＿＿＿＿＿ to the private institute today. (go)
6. Her goal in life is ＿＿＿＿＿＿ a famous actress. (become)

> consider 고려하다
> skip (일을) 거르다, 빼먹다
> private institute 사설 학원
> eventually 결국
> give up 포기하다

B 주어진 단어를 바르게 배열하여 문장을 만드세요.

1. eating Po noodles enjoys

   ➜ ＿＿＿＿＿＿＿＿＿＿＿＿ .

2. his avoids He helping father

   ➜ ＿＿＿＿＿＿＿＿＿＿＿＿ .

3. He kung fu practicing finishes

   ➜ ＿＿＿＿＿＿＿＿＿＿＿＿ .

4. His suggests master the enemies keeping off

   ➜ ＿＿＿＿＿＿＿＿＿＿＿＿ .

5. give didn't He enemies up fighting his

   ➜ ＿＿＿＿＿＿＿＿＿＿＿＿ .

> avoid 피하다
> kung fu 쿵푸
> keep off 막다
> enemy 적

C 윙키와 핑키의 대화에서 틀린 부분을 찾아 쓰고, 바르게 고치세요.

director 감독
appreciate 감사하다

① How about talks about your dream?

② My dream is become an actress like Angelina Jolie.

③ I want to be a great director like Steven Spielberg. I appreciate him for made great movies.

1. ....

2. ....

3. ....

D 밑줄 친 부분과 같은 뜻을 가진 것을 보기에서 골라 문장을 다시 바꿔 쓰세요.

it goes without saying ~은 말할 것도 없이

as soon as ~하자마자

needless 불필요한

feel like -ing	be worth -ing
It goes without saying	On -ing

1. Winky <u>would like to go</u> to the theater to watch *Kung Fu Panda*.

   ➡ ....

2. <u>As soon as he arrived</u> at the theater, he bought a ticket.

   ➡ ....

3. This movie <u>is worth to wait</u> a long time to see.

   ➡ ....

4. <u>It is needless to say</u> that this movie is great.

   ➡ ....

 빈칸에 알맞은 동사를 보기에서 골라 동명사의 형태로 바꾸어 쓰세요.

recommend
추천하다
subtitle (영화의) 자막

> improve   watch   learn

1. ＿＿＿＿＿ English is important.

영어를 배우는 것은 중요하다.

2. Pinky feels like ＿＿＿＿＿ her English skills.

핑키는 그녀의 영어 실력을 향상시키고 싶어한다.

3. The teacher recommends ＿＿＿＿＿ movies with no subtitles. 선생님은 자막 없이 영화 보는 것을 추천한다.

 빈칸에 알맞은 동사를 보기에서 골라 변경해 넣어 대화를 완성하세요.

persimmon 감
Shame on you!
창피한 줄 알아라!

> eat   climb   pick   fly

68

윙키가 만든 영화 대본의 일부를 잘 읽고, 문제에 답하세요.

alien 외계인
spaceship 우주선
settle 정착하다
horn 경적
be stubborn
우기다, 고집 부리다

Scene 1

In the year 2055, aliens came to the Earth by spaceship to find a planet to settle on. The Earth was very beautiful. They landed on a hill in Star Park.

에바: What a beautiful day!

꼬마 자동차 붕붕: How about ⓐ around the park?

에바: Sounds good. I would like to smell the flowers. Do you ⓑ opening the window?

꼬마 자동차 붕붕: Not at all. (suddenly blow the horns) By the way, what's that on the hill?

에바: Do you ⓑ checking it out?

(The aliens look around on the hill in Star Park. Eva and Boongboong go up the hill.)

에바: Who are you guys?

외계인 아빠: We are aliens from Blue Star. Our hope is ⓒ settling on the Earth.

에바: It is impossible for aliens to live on the Earth.

외계인 아빠: We still feel like living on the Earth. We have no place to go back to.

꼬마 자동차 붕붕: ⓓIt is no use being stubborn.

1. ⓐ의 빈칸에 go의 알맞은 형태를 쓰세요. ....

2. ⓑ에 공통으로 들어갈 동사를 쓰세요. ....

3. 문장에서의 ⓒ의 역할을 쓰세요. ....

4. ⓓ 문장을 관용표현에 유의하며 해석하세요. ....

1. 다음 동명사에 대한 설명 중 잘못된 것을 고르세요.

① 동명사는 명사의 역할을 할 수 있다.　② 동명사는 전치사의 목적어로도 쓰인다.

③ 동명사는 형용사의 역할을 할 수 있다.　④ 동명사는 be동사의 보어로 쓸 수 있다.

2. 다음 중 동명사가 쓰인 문장을 고르세요.

① His dream is becoming a scientist.

② He's playing soccer.

③ His toy is a dancing bear.

④ I have something to say.

3. 다음 빈칸에 공통으로 알맞은 단어를 고르세요.

> • I like _____ to music.
> • The rule is _____ to the noisy sounds
>   for ten minutes.

① listen　　② listens　　③ listened　　④ listening

4. 다음 중 문장에서의 동명사 역할이 다른 것을 고르세요.

① He hates lying.

② Dad's job is teaching students.

③ Ann finished doing her homework at night.

④ Kevin enjoys playing baseball.

5. 다음에 쓰인 동명사의 역할을 순서대로 바르게 나열한 것을 고르세요.

> • Walking 30 minutes every day is good for
>   your health.
> • She likes walking around at night.

① 주어 – 주어　　② 주어 – 목적어　　③ 주어 – 보어　　④ 보어 – 목적어

6. 다음 중 동명사의 부정형이 <u>잘못</u> 쓰인 문장을 고르세요.

① We are used to not having a car.

② Not telling lies is his strong point.

③ He regrets never having been abroad.

④ He is proud not of being late for school.

7. 다음 두 문장을 한 문장으로 만들 때 빈칸에 알맞은 단어를 쓰세요.

> I like to read fantasy novels. I'm interested in them.
>
> ➲ I'm interested in _____ fantasy novels.

8. 보기에서 알맞은 동사를 골라 빈칸에 알맞은 형태로 바꿔 쓰세요.

> prepare   finish

1) I finished _____ for the midterm.

2) I insist on _____ the conference.

9. 다음 빈칸에 공통으로 알맞은 단어를 쓰세요.

> • It's no _____ bawling.
>
> • There is no _____ in predicting the future.

10. 다음 동명사의 관용표현에 유의하며 단어를 올바르게 배열하여 문장을 만드세요.

1) answering question I avoid couldn't the

   ➲ _____ .

2) help couldn't They laughing

   ➲ _____ .

NC-17(No Children)

17세 이하의 미성년자는 관람불가인 영화

R (Restricted)

17세 이하는 부모나 성인보호자 동반 시
관람할 수 있는 영화

미국의 영화 등급 체계

미국에서는 우리나라와는 달리 영화를 5가지 등급으로
나누어 연령에 따라 볼 수 있는 영화를 철저히 구분하
고 있어요. 영화 등급 표시와 그 의미를 알면 미국
에서 영화 관람을 하는 데 문제 없겠지요?

PG (Parental Guidance Suggested)

연령제한은 없으나 부모나 보호자의 지도가
요구되는 영화

G (General Audiences)

연소자 관람가 영화로 연령에 제한 없이
누구나 관람할 수 있는(All ages admitted) 영화

PG-13 (Parental Guidance-13)

보호자의 엄격한 지도를 필요로 하는, 특히 13세 이하
어린이들에게 엄격한 주의와 지도가 요구되는 영화

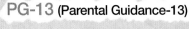

분사와 현재완료

writing과 written은 모두 write에서 온 건데 왜 뜻이 달라져?

그런 걸 바로 '현재분사', '과거분사'라고 하는거야. 자, 그럼 과거부터 지금까지 연관된 내용을 나타내는 '현재완료'까지 함께 알아볼까?

☘ 분사는 「동사원형＋-ing」(현재분사), 「동사원형＋-ed」(과거분사) 형태로 쓰이며, 문장에서 형용사 역할을 해요.

He saw a <u>dancing</u> girl. 그는 춤추고 있는 소녀를 보았다.
    dance＋-ing→dancing(현재분사)

He saw the <u>closed</u> window. 그는 닫혀진 창문을 보았다.
    close＋-ed→closed(과거분사)

☘ 현재완료는 과거에 일어난 일이나 경험이 현재까지 영향을 끼쳐 현재와 관련이 있을 때 사용하며, 「have / has＋과거분사」의 형태로 써요.

Winky <u>has lost</u> his cap. 윙키는 모자를 잃어버렸다.
    has＋과거분사   (현재 모자가 없다는 뜻)

분사의 의미와 쓰임

1 분사에는 현재분사와 과거분사가 있어요.

He saw the <u>laughing</u> singer.   그는 웃고 있는 가수를 보았다.
　　　　　laugh(웃다)의 현재분사

He saw the <u>written</u> letter.   그는 쓰여진 편지를 보았다.
　　　　　write(쓰다)의 과거분사

2 분사는 명사의 앞이나 뒤에 와서 형용사 역할을 해요. 이 때 꾸밈을 받는 명사가 능동 또는 진행의 의미이면 현재분사, 수동의 의미이면 과거분사를 사용해요.

(1) 현재분사 　**He saw a <u>dancing</u> girl.**   그는 춤을 추고 있는 소녀를 보았다.
　　　　　　　　　　현재분사＋명사

　(소녀가 춤을 추므로 능동 → a dancing girl은 A girl is dancing.의 의미)

(2) 과거분사 　**He saw the <u>closed</u> window.**   그는 닫혀진 창문을 보았다.
　　　　　　　　　　과거분사＋명사

　(창문이 닫혀져 있으므로 수동 → the closed window는 The window is closed.의 의미)

Check 밑줄 친 부분의 뜻을 쓰고, 현재분사에는 동그라미, 과거분사에는 세모표 하세요.

1. He saw a singing woman.　———————————————

2. He listened to the song sung by her.　————————————

 ## 현재완료의 의미와 쓰임

1 현재완료는 과거에 일어난 일이나 경험이 현재까지 영향을 끼쳐서 현재와 관련이 있을 때 사용해요. 현재완료에는 네 가지 용법이 있어요.

(1) **경험**　　과거에서 현재에 이르는 경험을 나타내는 경우

　　　　　　She **has seen** the singer on TV before.
　　　　　　그녀는 진에 그 가수를 TV에서 본 적이 있다.

(2) **계속**　　과거에 시작된 일이 현재까지 계속되는 경우

　　　　　　She **has played** the piano for two hours.
　　　　　　그녀는 두 시간 동안 피아노를 치고 있다.

(3) **결과**　　과거의 일이 원인이 되어 그 결과가 현재에 영향을 미치는 경우

　　　　　　She **has gone** to England.
　　　　　　그녀는 영국으로 갔다. (그녀가 과거에 영국으로 가서 지금 여기에 없다는 뜻)

(4) **완료**　　과거에 시작한 일을 현재에 완료한 경우

　　　　　　She **has** just **finished** her homework.
　　　　　　그녀는 막 숙제를 끝냈다.

현재분사(~하는, ~하고 있는)
: 동사원형＋-ing

과거분사(~된, ~받는, ~당한)
: 동사원형＋-ed

과거분사 만들기
• 규칙 변화: 동사 뒤에 –(e)d를 붙여요.
　close → closed
• 불규칙 변화
　be동사 → been
　go → gone
　have → had
　meet → met
　write → written
　break → broken
　see → seen
　sing → sung
　lose → lost
　draw → drawn
　drive → driven

현재완료의 형태
have/has＋과거분사

현재완료의 의문문과 부정문은 다음과 같은 형태로 만들어요.

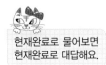
현재완료로 물어보면
현재완료로 대답해요.

현재완료의 의문문	현재완료의 부정문
Have/Has+주어+과거분사 ~?	주어+have/has+not(naver)+과거분사 ~.

(1) 현재완료의 의문문　　Have / Has+주어+과거분사 ~?

Has she visited a concert hall? 그녀는 콘서트장에 가 본 경험이 있니?
<u>Has+주어+과거분사 ~?</u>

● Yes, she **has**. 응, 그녀는 콘서트장에 가 본 경험이 있다.

● No, she **has not(= hasn't)**. 아니, 그녀는 콘서트장에 가 본 경험이 없었다.

(2) 현재완료의 부정문　　주어+have/has+not(never)+과거분사 ~.

Have you ever visited a concert hall? 너 콘서트장에 가 본 경험이 있니?

● No, I **have not(= haven't)**. **I have never visited** one.
주어+have never+과거분사

아니, 나는 한 번도 콘서트장에 가 본 적이 없다.

 우리말에 맞게 (　) 안의 단어를 알맞게 바꾸어 빈칸에 쓰세요.

1. Have you ever .... a famous singer? (meet) 유명 가수를 만난 적이 있니?

2. Winky has never .... the guitar. (play) 윙키는 한 번도 기타를 연주해 본 적이 없다.

 윙키의 이야기에서 분사와 현재완료를 찾고, 문제에 답하세요.

Winky and his family visited the ABC Concert Hall.
They saw a singer playing the guitar there. Minky asked
Winky, "Winky, have you ever played the guitar?"
Winky answered, "No, I have never played the guitar.
But I can do it." Oh, no! After Winky's show,
many people saw a broken guitar by Winky.

* *concert hall* 연주회장

1. 밑줄 친 문장들에서 현재분사에 동그라미, 과거분사에 세모표 하세요.

2. 현재완료의 의문문과 부정문을 찾아 쓰세요.

· 현재완료 의문문: ....

· 현재완료 부정문: ....

Quiz Time
기초탄탄

A 밑줄 친 부분에 현재분사가 쓰였으면 '현', 과거분사가 쓰였으면 '과'라고 쓰세요.

1. Winky saw <u>a man playing the guitar</u>. ....

2. Winky saw <u>a used cup</u>. ....

3. Pinky listened to <u>the song sung by her</u>. ....

4. Pinky saw <u>a dancing girl on the stage</u>. ....

5. They saw <u>a singing woman</u>. ....

6. He saw <u>a singer playing the piano</u>. ....

use 사용하다
on the stage
무대 위에서

형광펜 쫘~악

잠깐! 하나의 분사가 단독으로 명사를 수식할 때는 명사 앞에 오지만, 목적어나 부사구, 또는 보어 등 분사에 딸린 어구와 함께 명사를 수식할 때는 명사의 뒤에 위치해요.
a girl dancing in the room (방 안에서 춤을 추고 있는 소녀)

B (　　　) 안의 동사를 알맞은 형태로 바꾸어 빈칸에 쓰세요.

1. Winky saw the singer .... a blue dress in the concert hall. (wear)

2. Winky envies the singer .... the guitar well. (play)

3. They saw a .... guitar. (break)

4. The girl .... in the center is Pinky. (sing)

5. Winky saw many people .... the singer a big hand. (give)

6. He has a concert ticket .... in English. (write)

7. Look at the .... dog! (dance)

envy 부러워하다
give a big hand
힘찬 박수를 보내다

보기와 같이 (　　) 안의 동사를 활용하여 우리말에 알맞은 단어를 빈칸에 쓰세요.

> 윙키는 전에 그 가수를 한 번도 본 적이 없었다. (see)
>
> ○ Winky has never <u>seen</u> the singer before.

1. 엄마는 콘서트장에 갈 준비를 벌써 마치셨다. (finish)

　○ Mom has already ＿＿＿＿＿＿ preparing to go to the concert hall.

2. 핑키는 10분 동안 계속 그 노래를 불렀다. (sing)

　○ Pinky has ＿＿＿＿＿＿ the song for ten minutes.

3. 아빠는 전에 그 콘서트장에 가신 적이 있다. (be)

　○ Dad has ＿＿＿＿＿＿ to the concert hall before.

4. 딩키는 카메라를 잃어버렸다. (lose)

　○ Dinky has ＿＿＿＿＿＿ his camera.

 의문문과 부정문에 알맞은 단어를 찾아 동그라미 하세요.

1. (Have / Has) she joined the band as a singer?

2. (Have / Has) they stayed in the concert hall for two hours?

3. (Have / Has) you ever been to England?

4. I (have / has) never visited the concert hall before.

5. Winky (have / has) never played the guitar before.

6. Pinky (haven't / hasn't) met the singer before.

join 참여하다

  A 우리말에 맞게 주어진 단어나 구를 바르게 배열하여 빈칸에 쓰세요.

1. 나무 밑에 앉아 있는 아이들이 윙키에게 손을 흔든다.
   (under sitting the tree)
   ○ The children _____ wave to Winky.

> wave to
> ~에게 손을 흔들다

2. 저 춤추는 고양이를 봐! (the cat dancing)
   ○ Look at _____.

3. 기타를 치는 남자는 누구입니까? (the playing guitar)
   ○ Who is the man _____?

4. 핑키는 한국에서 만들어진 원피스를 입고 있었다.
   (in Korea a made dress)
   ○ Pinky was wearing _____.

B 틀린 부분을 바르게 고쳐 문장을 다시 쓰세요.

1. They saw the danced girl.
   ○ _____

2. Many people watched the interested show.
   ○ _____

3. It was a surprised show.
   ○ _____

4. The exciting people danced and sang together.
   ○ _____

> interested
> 재미를 느끼는
>
> 형광펜 좌~악
> 감정을 나타내는 동사의 분사형이 형용사 역할을 할 경우, 현재분사형은 사물에게 영향을 미칠 때 쓰고, 과거분사는 사람에게 영향을 미칠 때 써요.
> The news is **surprising**.
> We are **surprised**.

C 대화가 완성되도록 주어진 단어나 구를 바르게 배열하여 빈칸에 쓰세요.

형광펜 쫘~악

현재완료의 계속적 용법과 주로 쓰이는 부사구가 있어요.
Q. How long ~?
A. ~ for+기간/시간, since+과거의 기점

1. How long have you been interested in music?

   어렸을 때부터 줄곧 음악에 관심이 있었어요.
   (have music been interested in)

   ➡ I _____ since I was young.

2. 핑키가 피아노 연주를 한 지 얼마나 되었죠?
   (has the played piano)

   ➡ How long _____ Pinky _____ ?

   핑키는 두 시간째 피아노 연주를 하고 있어요.
   (for has the played piano two hours)

   ➡ She _____ .

D ▨▨ 안의 문장으로 바꾸어 쓰세요.

autograph
(유명인의) 사인
asleep 잠이 든

1. They have watched the singer on TV.

   ➡ 의문문 _____

2. Winky has lost the singer's autograph.

   ➡ 의문문 _____

3. Mom has already had dinner.

   ➡ 의문문 _____

4. She has finished making the dancing shoes.

   ➡ 부정문 _____

5. Dinky and Minky have been asleep since this afternoon.

   ➡ 부정문 _____

 A 그림을 보고, 빈칸에 알맞은 단어를 보기에서 골라 쓰세요.

| exciting | wearing |

They visited a nursing home. Dad and Winky played the guitar. Mom .... a white dress played the piano and Pinky .... a pink dress sang songs. Dinky and Minky danced. The audience liked the .... show a lot.

 B 핑키의 일기입니다. 밑줄 친 문장에서 틀린 곳을 찾아 알맞게 고쳐 다시 쓰세요.

Monday, April 25

Today, my family went to the music concert.
1) I saw a danced singer on the stage. She was so beautiful. Winky and I wanted to join her. We used magic and became a band. Winky played the guitar and I played the drum. 2) After the excited show, the audience gave us a big hand. What a great day!

1. ....

2. ....

방학 동안 한 일을 적은 윙키의 보고서입니다. 문제에 답하세요.

Date: August 30
Written by: Winky

My Summer Vacation

- On summer vacation, I went to a concert with my family. It was a fun experience.
- I visited the science museum with my dad on July 21. I lost my cap there. I couldn't find it. That was very bad for me.
- I visited my uncle in England for a week. I came back home from England on August 8.

1. 위의 내용에 알맞게 빈칸에 알맞은 단어를 쓰세요.

Winky has _____ his cap since last summer vacation.

2. 질문을 읽고, 위의 내용에 알맞은 답을 쓰세요.

Has Winky been to England?

⊙ _____

1. 다음 중 동사원형과 과거분사가 알맞게 짝지어진 것을 고르세요.

① be – was ② go – going

③ see – seeing ④ visit – visited

2. 다음 중 밑줄 친 부분의 표현이 바른 것을 고르세요.

① I saw a <u>sung</u> woman.

② I watched the <u>running</u> dog.

③ I got a letter <u>writing</u> in Chinese.

④ I saw a <u>danced</u> singer.

3. 다음 우리말과 같은 뜻이 되도록 빈칸에 알맞은 단어를 쓰세요.

윙키는 춤을 추는 소녀를 보았다.

○ Winky saw a _____ girl.

4. 다음 중 표현이 바르지 <u>않은</u> 문장을 고르세요.

① Look at the flying bird!

② I have some books written in Japanese.

③ The girl sitting on the sofa is my friend.

④ I have a pen making in France.

5. 다음 빈칸에 알맞은 단어를 고르세요.

I like the pizza _____ by my mother.

① make ② made

③ making ④ to make

6. 다음 빈칸에 알맞은 것을 고르세요.

> This is the picture _____ by Pinky.

① draw   ② to draw   ③ drawn   ④ drawing

7. 다음 우리말을 영어로 옮길 때 빈칸에 알맞은 문장을 고르세요.

> 그들은 아직 숙제를 하고 있다. 그들은 그것을 끝내지 못했다.
> ○ They're still doing their homework.
> _____

① They haven't finishing it.   ② They haven't finished it yet.
③ They didn't finish it.   ④ They don't finish it.

8. 다음 중 올바른 문장을 고르세요.

① I have seen the singer tomorrow.
② I have stayed in France for two days.
③ I have lost my diary next year.
④ I have eat my lunch.

9. 다음 우리말을 영어로 알맞게 바꾼 것을 고르세요.

> 나는 런던에 다녀온 적이 있다.

① I will go to London.   ② I have been to London.
② I have gone to London   ④ I'm going to London.

10. 다음을 부정문으로 바르게 바꾼 것을 고르세요.

> I have met a TV star before.

① I have don't met a TV star before.
② I don't have met a TV star before.
③ I have never met a TV star before.
④ I'm not have met a TV star before.

🎼 미국의 대표적인 음악 종류

> I watched the hip-hop dance they did. It was an exciting dance.

> I saw the jazz musician playing the saxophone.

힙합 (Hip-hop)

1970년대 미국에서 시작된 음악인 '힙합' 이란 이름은 케이스 카우보이라는 사람에 의해 탄생했대요.

재즈 (Jazz)

재즈는 서양 음악의 이론적 기초 위에 흑인들 특유의 독특한 음악성이 더해져 만들어졌어요.

로큰롤 (Rock-and-roll)

1950년대 미국 남부에서 시작된 음악 장르로 가수 엘비스 프레슬리로 인해 세계적으로 널리 알려졌어요.

> I like rock-and-roll music.

Unit 7

수동태

'그 책은 나에 의해 쓰여졌다.'처럼
수동을 나타낼 때 쓰는 게 바로 수동태야.
그럼, 이제 수동태의 평서문, 의문문, 부정문을
어떻게 만드는지 알아보자~

★ 수동태는 '～되다, ～되어지다, ～ 당하다'의 의미로 「be동사+과거분사」를 기본
형태로 사용해요.

She writes a card.   그녀는 카드를 쓴다. (능동태)
A card is written by her.   카드는 그녀에 의해서 쓰여진다. (수동태)
<u>be동사+과거분사</u>

★ 목적어를 갖는 타동사만이 수동태가 될 수 있어요. 능동태 문장의 목적어가 문장의
주어 자리로 오면 수동태 문장으로 변해요.

She loves him.   그녀는 그를 사랑한다. (능동태)

He is loved by her.   그는 그녀에 의해서 사랑을 받는다. (수동태)
주어＋be동사+과거분사＋by＋목적격

1 능동태는 '(주어가) ~하다'로 해석하며, 수동태는 '(주어가) ~되다, ~되어지다, ~ 받다, ~ 당하다'로 수동의 의미로 해석해요. 수동태는 「be동사＋과거분사」로 쓰여요.

My mom **makes** the wedding cake.   우리 엄마는 웨딩케이크를 만드신다. (능동태)

The wedding cake **is made** by my mom.
　　　　　　　　be동사＋과거분사
웨딩케이크는 엄마에 의해서 만들어진다. (수동태)

2 능동태는 동작을 하는 주체가 문장의 주어가 되지만, 수동태는 무슨 일이 일어났는지에 중점을 둔 문장이라서, 일어난 일의 대상이 문장의 주어가 돼요.

My mom makes cookies.   엄마는 쿠키를 만드신다. (능동태)
　주어　　　　　　목적어
문장의 주어인 '엄마'가 '케이크를 만든다'는 능동의 의미로 능동태 문장이 와요.

○ **Cookies** are made by **my mom**.   쿠키는 우리 엄마에 의해서 만들어진다. (수동태)
　주어　　be동사＋과거분사　by＋목적격
문장의 주어인 '쿠키'가 '엄마에 의해서 만들어진다'라는 수동의 의미로 수동태 문장이 와요.

 밑줄 친 부분의 뜻을 쓰고, 능동태 문장의 동사에는 동그라미, 수동태 문장의 동사에는 세모표 하세요.

1. He <u>gets</u> an invitation card.
2. The card <u>is sent</u> by her.

1 목적어(대상)가 있는 문장만을 수동태로 바꿀 수 있어요. 수동태는 아래처럼 바꿔요.

Winky **calls** the birds.   윙키는 새들을 부른다. (능동태)
　주어　　동사　　목적어

○ The birds **are called** by Winky.   새들은 윙키에 의해 부름을 받는다. (수동태)
　주어　　be동사＋과거분사　by＋목적격

2 수동태의 평서문, 의문문, 부정문은 다음과 같아요.

(1) 수동태의 평서문

　　My dad drove the car.   아빠가 차를 운전했다. (능동태)

　　○ The car was driven by my dad.   차는 아빠에 의해 운전되었다. (수동태)
　　　　　be동사＋과거분사

1단계 능동태의 목적어를 수동태의 주어 자리에 놓아요. (◑ The car)
2단계 능동태의 동사를 「be동사＋과거분사」로 바꿔요.
       be동사의 시제는 능동태의 동사 시제에 맞춰요.
       (drove ◑ was driven)
3단계 능동태의 주어를 수동태의 「by＋목적격」으로 바꾸어 뒤에 놓아요.
       (◑ by my dad)

(2) 수동태의 의문문과 부정문 형태

수동태의 의문문		수동태의 부정문
의문사가 있는 의문문	의문사가 없는 의문문	
의문사＋be동사＋주어＋과거분사 ～? When was the cake made by her?	be동사＋주어＋과거분사 ～? Was the cake made by her?	be동사＋not＋과거분사

 우리말에 맞게 (   ) 안의 단어를 알맞게 바꾸어 빈칸에 쓰세요.

1. The card _____ by Winky. (write) 그 카드는 윙키에 의해 쓰여진다.

2. The song _____ by Pinky. (sing) 그 노래는 핑키에 의해 불려진다.

Story Grammar 윙키의 이야기에서 수동태를 찾고 질문에 답하세요.

Today, Winky's family has to prepare
something for Mary's wedding.
Pinky prepares a song for her aunt Mary.
A beautiful cake is made by Mom.
A celebration card is written by Winky.

* *celebration card* 축하 카드

1. 수동태 동사가 사용된 문장을 모두 찾아 동그라미 하세요.

2. 밑줄 친 문장을 의문문과 부정문으로 바꾸어 쓰세요.

   1) 의문문 ◑ Is _____ ?

   2) 부정문 ◑ A _____ .

 A 능동태 문장이면 '능', 수동태 문장이면 '수'라고 쓰세요.

1. The wedding invitation card is sent to Mom by Mary.

   ....

2. Mary sends a wedding invitation card to Mom. ....

3. The card is decorated with gold. ....

4. Many birds deliver the card. ....

5. The card is delivered by birds. ....

6. Winky opens the card. ....

wedding invitation (card) 결혼식 초대장
decorate 장식하다
deliver 배달하다

형광펜 쫙~악

대부분의 수동태 문장에서 「by + 행위의 주체」로 나타내지만, by 대신 다른 전치사를 쓰는 경우도 있어요.
My room is filled *by* toys. (X)
My room is filled **with** toys. (O)

 B 빈칸에 ( ) 안의 동사를 알맞게 바꿔 써서 수동태 문장을 완성하세요.

1. A beautiful ribbon for Aunt Mary is .... by Pinky. (make)

2. The car is .... by Dad. (wash)

3. The cake is .... by Mom. (make)

4. Dad's shirt is .... by Mom. (iron)

5. Dinky and Minky are .... by Winky. (bathe)

6. The pink box is .... with beautiful flowers. (fill)

iron 다림질하다
bathe 목욕시키다
be filled with ~으로 가득차다

C 짝지어진 두 문장이 같은 뜻이 되도록 빈칸에 알맞은 단어를 쓰세요.

1. Winky carries the box with beautiful flowers.

   = The .... with beautiful flowers is carried by Winky.

2. Dinky wears a red bow tie.

   = A red bow tie .... worn by Dinky.

3. Minky wears sunglasses.

   = Sunglasses .... worn by Minky.

4. Dad drives the car.

   = The car is .... by Dad.

5. Dad repairs the broken-down car.

   = The broken-down car is repaired by ....

D 주어진 문장과 같은 뜻의 수동태 문장이 되도록 빈칸에 알맞은 단어를 쓰세요.

1. How does Winky find the castle?

   = How .... the castle .... by Winky?

2. Mom doesn't bring the cake.

   = The cake .... brought by Mom.

3. Why does Winky call the birds?

   = Why .... the birds called by Winky?

4. Does Mom bring the cake?

   = ... the cake .... by Mom?

 우리말에 맞게 주어진 단어나 구를 바르게 배열하여 문장을 완성하세요.

1. 축하카드가 Winky에 의해 Mary 이모에게 주어진다.

(The celebration card   given   is)

➲ _____ to Mary by Winky.

stitch 바느질하다

2. 예쁜 장미꽃이 든 상자가 Pinky에 의해 Mary 이모에게 주어진다.

(given   by Pinky   is   The box with beautiful roses)

➲ _____ to Mary _____ .

3. 웨딩드레스가 Mary 이모에게 입혀져 있다.

(by Mary   is   worn)

➲ The wedding dress _____ .

4. 그녀의 웨딩드레스는 할머니에 의해 바느질되었다.

(stitched   by Grandma   was)

➲ Her wedding dress _____ .

B 틀린 부분을 찾아 동그라미 하고, 그 부분을 바르게 고쳐 쓰세요.

1. Mary and her husband's photos is taken by the photographer.

➲ _____

2. The bouquet is throw to her friend by Mary.

➲ _____

3. The wedding cake are cut by Mary and her husband.

➲ _____

4. Many famous people are invite to the wedding by Mary.

➲ _____

husband 남편
photographer
사진 작가
bouquet 부케
throw 던지다
invite 초대하다

90

C 우리말을 영어로 옮길 때 빈칸에 알맞은 단어를 보기에서 골라 바꿔 쓰세요.

> cook   treat   invite   watch

wedding reception
결혼식 피로연
cook 요리하다; 요리사
chef 요리사, 주방장
treat 대접하다

1. 많은 사람들이 결혼식 피로연에 초대된다.

  ◑ Many people are _____ to the wedding reception.

2. 맛있는 음식이 요리사들에 의해 요리된다.

  ◑ Delicious food is _____ by the chefs.

3. 새들도 Mary 이모에게 저녁을 대접받는다.

  ◑ The birds are _____ to dinner by Mary.

D 다음을 ▨▨▨ 안의 문장으로 바꾸어 쓰세요.

형광펜 짜~악

• 수동태의 부정문
「be동사+not+과거분사」
• 의문사가 없는 수동태의 의문문
「be동사+주어+과거분사 ~?」 (주어와 be동사의 위치를 바꿔요.)
• 의문사가 있는 수동태의 의문문
「의문사+be동사+주어+과거분사 ~?」
＊ 의문사 who가 주어인 경우 who 대신에 by whom을 쓰기도 해요.

1. The castle was designed by a magician.

  ◑ 부정문 _____

  ◑ 의문문 _____

2. The chocolate ice cream is sent to Pinky by a chef.

  ◑ 부정문 _____

  ◑ 의문문 _____

3. Who made this ice cream?

  ◑ 수동태의 의문문 Who _____ made by?

  ◑ 수동태의 의문문 By whom _____ made?

4. When did he make this ice cream?

  ◑ 수동태의 의문문 When _____ by him?

Quiz Time 실력 쑥쑥

 빈칸에 알맞은 단어를 보기에서 골라 넣어 이야기를 완성하세요.

> opened   satisfied   filled   delivered   were

1

Many gifts are _____ by birds.

2 The room is _____ with many gifts from people.

3 The gift box is _____ by Aunt Mary.

4

Aunt Mary and her husband _____ _____ with all of the gifts.

 Mary 이모의 편지에서 밑줄 친 문장을 수동태로 고쳐 다시 쓰세요.

> Dear family members,
> Hi, everyone. Thank you for coming to my wedding. My husband and I went to Australia on our honeymoon.
> 1) <u>We saw many kangaroos.</u> We visited a small village.
> 2) <u>Green grass covered the village.</u> We had a great time there.
> See you soon!
> Sincerely yours,
> Mary

1. _____

2. _____

Mary 이모의 결혼식을 위해 가족들이 한 일을 쓴 윙키의 메모지입니다.
보기와 같이 완전한 문장으로 바꾸어 쓰세요.

Dad   washed the family car

Mom   made the wedding cake

Winky   wrote a letter for Mary

Pinky   sang at the wedding for Aunt Mary

Dinky   decorated the wedding hall with flowers

Minky   made the wedding bouquet

> The family car was washed by Dad.

1. The wedding cake _____ .

2. _____ by Winky.

3. The wedding song for Aunt Mary _____
    _____ .

4. The wedding hall _____ with flowers
    _____ .

5. The wedding bouquet _____ .

1. 다음 중 올바른 문장을 고르세요.

① The bouquet is make by the artist.
② The car is washed by my father.
③ A letter is send to me by my aunt.
④ Many people is invited to the party by my aunt.

2. 다음 중 나머지 셋과 의미가 <u>다른</u> 것을 고르세요.

① I give my sister some roses.
② I give some roses to my sister.
③ Some roses are given to my sister by me.
④ My sister gives me some roses.

3. 다음 우리말과 같도록 빈칸에 (   ) 안의 동사를 바꿔 쓰세요.

그 편지는 핑키에 의해 쓰여졌니? (be   write)

➡ _____ the letter _____ by Pinky?

4. 다음 중 밑줄 친 부분이 <u>잘못된</u> 것을 고르세요.

① Many gifts <u>are opened by</u> my uncle.
② The <u>car is washed by</u> my father.
③ When <u>was</u> this cake <u>made by</u> the chef?
④ The room <u>are cleaned by</u> my mother.

5. 다음 빈칸에 공통으로 알맞은 단어를 고르세요.

- The pizza was made _____ my mother.
- The piano was played _____ my sister.

① to   ② in   ③ by   ④ with

6. 다음을 수동태로 바르게 바꾼 것을 고르세요.

> How does the cook make the ice cream?

① How is the ice cream made by the cook?
② Is the cook made the ice cream?
③ How does the cook made the ice cream?
④ Is the ice cream make by the cook?

7. 다음을 수동태로 바꿀 때 빈칸에 알맞은 말을 쓰세요.

> My father doesn't repair the car.
>
> ○ The car _____.

8. 다음 우리말을 영어로 옮길 때 빈칸에 알맞은 말을 고르세요.

> 그 방은 풍선으로 가득차 있다.
>
> ○ The room _____.

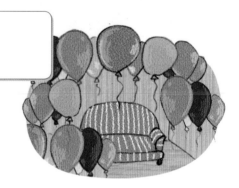

① is fill by balloons
② are filled with balloons
③ is filled with balloons
④ are filled by balloons

9. 다음을 부정문으로 바르게 바꾼 것을 고르세요.

> The picture is drawn by his sister.

① The picture is not drawn by his sister.
② The picture was not drawn by his sister.
③ The picture is drawn not by his sister.
④ The picture not is drawn by his sister.

10. 다음 밑줄 친 부분 중 **틀린** 것을 고르세요.

A yellow <u>cap</u> <u>is</u> <u>gave</u> to <u>me</u> by my father.
　　　　　① 　② 　③ 　　④

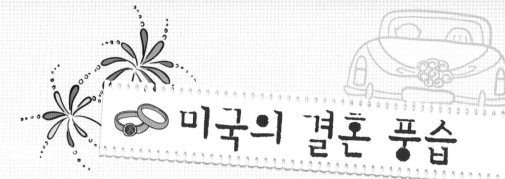
미국의 결혼 풍습

신랑과 신부 (Bride and Groom)

신랑과 신부는 결혼 서약 후 반지를 교환해요.

들러리 (The Best Man and Maid of Honor)

> The wedding ring for the groom was carried by the best man.

들러리는 보통 친한 친구나 친지 중 서너 명을 정하는데, 결혼식에서 중요한 증인이 됩니다. 결혼식 반지를 이들이 지니고 있다가 순서가 되면 신랑 신부에게 건네줘요.

결혼식 피로연 (Wedding Reception)

> The bride and the groom were seen dancing by people.

The champagne and wedding cake were prepared by chefs.

결혼식 피로연에서 첫 번째로 신랑과 신부가 춤을 춰요.

관계대명사와 관계부사

한 번에 두 가지 역할을 해내는 능력자들을 소개해 줄까? 바로 관계사야! 접속사와 대명사 역할을 하는 '관계대명사', 접속사와 부사 역할을 하는 '관계부사'가 있지.

★ 관계대명사는 접속사와 대명사의 역할을 하는데, 선행사가 무엇이냐에 따라 who, which, that을 사용해요.

He gave Winky <u>a present</u> <u>that</u> was yellow.
　　　　　　　　선행사　　　관계대명사

그는 윙키에게 노란색 선물을 주었다.

★ 관계부사는 접속사와 부사의 역할을 하는데, 선행사가 무엇이냐에 따라 when, where, why, how를 사용해요.

Mother didn't know <u>the place</u> <u>where</u> we met.
　　　　　　　　장소를 나타내는 선행사　관계부사

엄마는 우리가 만난 장소를 몰랐다.

 관계대명사

① 관계대명사는 중복되는 두 단어를 묶어주는 대명사 역할과 두 문장을 하나로 연결하는 접속사 역할을 해요. 관계대명사에는 who, which, that, what이 있어요.

관계대명사의 역할
대명사+접속사
선행사: 관계대명사 앞에 오는 명사

② 관계대명사 앞에 오는 명사를 선행사라고 하는데, 선행사가 사람이냐 아니냐에 따라 관계대명사가 다르게 쓰여요. 단, 관계대명사 what은 선행사가 오지 않아요.

what이 관계대명사로 쓰일 때는 '～하는 것'으로 해석해요.

③ 선행사가 사람일 때는 who, 사람이 아닌 동물이나 사물일 때는 which를 사용해요. 관계대명사 that은 선행사가 사람, 동물, 사물에 모두 쓰이고 who나 which 대신 쓸 수 있어요. 관계대명사는 대명사의 역할도 하기 때문에 문장에서 주격, 소유격, 목적격의 형태로 쓰이는데, 각 경우에 따라 모양이 조금씩 달라지기도 해요.

격 \ 선행사	사람	동물, 사물	사람, 동물, 사물
주격	who	which	that
소유격	whose	whose, of which	
목적격	whom (who)	which	that

관계대명사의 종류
• 사람 선행사 → who
• 동물·사물 선행사 → which
• 사람·동물·사물 선행사 → that

Santa Claus's elves **who(= that)** wear red hats wave at Winky.
　　　　사람 선행사　　　　　주격
빨간 모자를 쓴 산타클로스의 요정들이 윙키에게 손을 흔든다.

(1) 주격　Winky sees **Santa Claus**. **He** is giving some presents to children.　사람 선행사　주격(Santa Claus = He)

　　　　⟳ Winky sees Santa Claus **who** is giving some presents to children.　윙키는 아이들에게 선물을 주고 있는 산타클로스를 본다.

(2) 소유격　He gives Winky **a present**. **The present's** color is yellow.　사물 선행사　소유격

　　　　⟳ He gives Winky a present **of which(= whose)** the color is yellow.　of which the color = whose color
　　　　그는 윙키에게 노란 색깔의 선물을 준다.

(3) 목적격　Winky gives Santa some juice. He bought some juice.　사물 선행사　목적격

　　　　⟳ Winky gives Santa some juice **which** he bought.
　　　　윙키는 산타에게 그가 샀던 주스를 준다.

관계대명사의 용법
• 제한적 용법
선행사+관계대명사 → 선행사를 꾸며줘요.
(뒤에서부터 해석: ～하는 선행사)
• 서술적 용법
선행사+,(콤마)+관계대명사 → 덧붙여 설명해줘요.
(앞에서부터 해석: 선행사가 ～하다)

* 서술적 용법일 경우에는 콤마 다음에 관계대명사 that을 쓸 수 없어요.

 선행사에 밑줄을 긋고, 관계대명사에 동그라미 하세요.

1. Winky gave Pinky a present which was a teddy bear.
2. Winky was waiting for his mother, who went to the office.

관계부사

1 관계부사는 두 문장을 연결해주는 접속사 역할과 시간, 장소, 이유, 방법을 나타내는 부사 역할을 해요.

관계부사의 역할
접속사+부사

Winky and his father went to <u>the restaurant</u> **where** they usually went. 윙키와 아빠는 평상시에 가던 레스토랑에 갔다.

선행사   관계부사

2 선행사가 무엇을 나타내는지에 따라 관계부사 when(시간), where(장소), why(이유), how(방법)를 쓸 수 있어요. 관계부사 how는 선행사 없이 혼자 쓰여요.

But his mother didn't know <u>the place</u> **in which** they went.

= But his mother didn't know <u>the place</u> **where** they went.

그러나 엄마는 그들이 간 장소를 몰랐다.

• 관계부사는 「전치사+관계대명사」로 바꿔 쓸 수 있어요.
• 관계부사 how는 선행사와 함께 못 써요. 그래서 둘 중 하나를 생략해요.

선행사	관계부사	전치사+관계대명사
the time / the day (시간)	when	in which, at which, on which
the place (장소)	where	in which, at which, on which
the reason (이유)	why	for which
the way (방법)	how	in which

Check 선행사에 밑줄을 긋고, 관계부사에 세모표 하세요.

1. Mother forgot the time when we were meeting.

2. I didn't know the reason why she was late.

 밑줄 친 문장에서 관계대명사와 관계부사를 찾아 쓰세요.

Today is the day when my family is going to decorate the Christmas tree. So I read a book which explains how to decorate one. I saw a man who was hanging a yellow star on top of a tree. Suddenly, he said to me, "If you want to know how to make it, you should come here." And he pulled my hand.

1. 관계대명사: ....

2. 관계부사: ....

 두 개의 문장을 하나로 만들 때 알맞은 관계대명사에 동그라미 하세요.

1. The man wears red clothes. He is Santa Claus.

   ⊙ The man (who / which) wears red clothes is Santa Claus.

2. He has a deer. The deer has a red nose.

   ⊙ He has a deer (who / which) has a red nose.

3. Santa and Rudolf bring a tree. It is big and has many branches.

   ⊙ Santa and Rudolf bring a tree (who / which) is big and has many branches.

4. They bring decorations. There are bulbs, bells, a star, and a doll.

   ⊙ They bring decorations (who / which) are bulbs, bells, a star, and a doll.

branch 나뭇가지
decoration 장식품
bulb 전구

 밑줄 친 관계대명사가 주격이면 '주', 소유격이면 '소', 목적격이면 '목'이라고 쓰세요.

1. A woman who is Santa's wife brings cards and colored pencils. (   )

2. Rudolf uses a colored pencil of which the color is blue to draw.   (   )

3. Winky writes a card which he will give to his dad.
                    (   )

4. Santa says goodbye after giving me a present, which is a star ornament.   (   )

형광펜 쫘~악
격에 따른 관계대명사의
종류는 관계대명사 뒤에
쓰인 문장을 보면 알 수
있어요.

ornament
장신품, 장신구

알맞은 관계부사를 골라 동그라미 하세요.

1. Winky's parents go to the store (where / why) Pinky wants to buy a toy.

2. The store (where / when) they go is near Pinky's school.

3. Her father remembers the day (how / when) Pinky stared at the doll.

4. But her mother doesn't know the reason (when / why) she went to the store.

> stare at
> ~을 뚫어지게 쳐다보다

 밑줄 친 단어를 보기처럼 관계부사로 빈칸에 바꿔 쓰세요.

> The kitchen is the place <u>in which</u> my mom cooks food.
>
> ○ The kitchen is the place **where** my mom cooks food.

1. Pinky wants to go to the place <u>at which</u> the Christmas concert is held.

   ○ Pinky wants to go to the place _____ the Christmas concert is held.

2. But she doesn't know the way <u>in which</u> she should go to the concert hall.

   ○ But she doesn't know _____ she should go to the concert hall.

3. The hall is the place <u>that</u> the zoo is near.

   ○ The hall is the place _____ the zoo is near.

> 형광펜 쫘~악
>
> 선행사 the way와 how는 다른 한 문장에서 같이 쓰지 않아요.
> *the way how~*(x)

A 밑줄 친 단어를 관계대명사로 바꾸어 두 문장을 한 문장으로 고쳐 쓰세요.

1. Winky's parents gave him the bike.
   He wanted to have the bike.

   ➡ _____

2. He was happy to get the bike.
   The bike's color is green.

   ➡ _____

3. His parents gave the doll to Pinky.
   Pinky was looking at it with a smile.

   ➡ _____

4. She kissed her doll. The doll had pink cheeks.

   ➡ _____

> 👀
> cheek 뺨

> **형광펜 쫘~악**
> 관계대명사 앞에 ,(콤마)
> 가 들어가면 선행사를
> 보충해서 설명해 주는
> 기능을 해요. 이것이 바로
> '관계대명사의 서술적
> 용법'이에요.

B 밑줄 친 관계대명사를 that으로 바꿔 쓸 수 있으면 동그라미, 아니면 X표를
하고 이유를 간단히 쓰세요.

1. The doll, which her parents gave her, had a bag. (   )

   ➡ _____

2. Pinky put a mirror which is small in the bag. (   )

   ➡ _____

3. She combed the doll's hair, which was long. (   )

   ➡ _____

4. Her parents looked at Pinky, who was combing the
   doll's hair. (   )

   ➡ _____

> **형광펜 쫘~악**
> that은 소유격을 나타낼
> 때는 쓰지 못해요. 또한
> 선행사 뒤에 ,(콤마)로 내
> 용을 부가 설명하는 '서술
> 적 용법'일 때는 who나
> which를 that으로 바꿔
> 쓰지 않아요.

보기와 같이 두 문장을 관계부사를 이용하여 한 문장으로 바꿔 쓰세요.

> Winky and his mother went to the hospital.
> His grandmother worked at the hospital.
>
> ○ Winky and his mother went to the hospital **where** his grandmother worked.

1. Christmas Eve is the day.
   His grandmother was born on Christmas Eve.

   ○ _____

2. That was the reason. They went to see her.

   ○ _____

3. They took an elevator to the 8th floor.
   His grandmother's office is on the 8th floor.

   ○ _____

 틀린 곳을 바르게 고쳐 문장을 다시 쓰세요.

1. Winky's family went to the ice rink why they usually visited.

   ○ _____

2. The ice rink is the place who most children want to go.

   ○ _____

3. But they couldn't go there because Christmas is the day how it isn't open.

   ○ _____

4. They didn't know the way why they couldn't go there.

   ○ _____

 빈칸에 알맞은 단어를 보기에서 골라 넣어 대화를 완성하세요.

| that   whom   who   whose   which |

1 Do you know the man _____ is wearing red clothes and a red hat? He wants to meet you.

2 Is he with a deer _____ nose is red?

3 Yes, He is with a deer _____ has a red nose.

4 Oh, I know him. His name is Santa, _____ I met.

 빈칸에 알맞은 관계사를 써서 문장을 완성하세요.

1. The woman .... is wearing glasses is Santa's wife.

2. She has a sister .... name is Bella.

3. She lives in the same neighborhood .... her older sister lives.

4. She moved here two years ago .... her older sister moved here.

neighborhood
근처, 지역, 이웃

산타마을에 온 편지를 받은 산타와 요정이 이야기를 나누고 있어요. 빈칸에 알맞은 단어를 보기에서 골라 넣어 대화를 완성하세요.

| that | whom | who | whose | which |

around the world
전세계의

reply 대답하다. 답장을 보내다

bloom (꽃이) 피다; 꽃

1 Santa Claus, you got many letters _____ are from children around the world.

2 Oh, thinking about replying to letters _____ are from children makes me happy.

3 Here is a letter _____ smells like a flower. The letter is from George Town.

4 I know the place _____ flowers bloom in spring.

5 This letter is from a boy _____ sends a letter to Santa every year.

6 I've met the boy _____ name is Winky.

1. 다음 빈칸에 알맞은 단어를 고르세요.

> They gave me the present _____ was in the paper bag.

① which   ② who   ③ whose   ④ of which

2. 다음 중 잘못된 문장을 고르세요.

① He got a bike of which the color is blue.
② He thanked those people who gave him the bike.
③ He rode the bike with a girl that was wearing a pink skirt.
④ She that name is Pinky was happy.

3. 다음 빈칸에 공통으로 알맞은 단어를 고르세요.

> He tried to park his bike in front of the place _____ his friend was staying. But he didn't know the exact place _____ his friend was.

① when   ② how   ③ where   ④ why

4. 다음 관계대명사에 대한 설명 중 잘못된 것을 고르세요.

① 관계대명사는 대명사 역할과 접속사 역할을 한다.
② 선행사가 사람일 때는 who를, 사물이나 동물일 때는 which를 쓴다.
③ that은 격에 상관없이 모든 선행사와 바꿔 쓸 수 있다.
④ 선행사 뒤에 ,(콤마)가 있으면 who나 which를 that으로 바꿔 쓸 수 없다.

5. 다음 선행사 중 관계부사 where과 함께 쓸 수 없는 것을 고르세요.

① a place   ② a time   ③ a hospital   ④ a city

6. 다음 빈칸에 알맞지 <u>않은</u> 것을 고르세요.

> Tell me _____ you made the candy.

① the way   ② which   ③ how   ④ that

7. 다음 관계부사에 대한 설명 중 <u>잘못된</u> 것을 고르세요.

① 관계부사는 접속사 역할과 부사 역할을 한다.
② 시간을 나타내는 선행사가 있으면 **when**을 쓴다.
③ 선행사 **the way**는 문장에서 **how**와 함께 쓴다.
④ 관계부사 **why**는 **for which**와 바꿔 쓸 수 있다.

8. 다음 밑줄 친 관계대명사와 바꿔 쓸 수 있는 것을 고르세요.

> • I have a doll <u>which</u> has an umbrella.
> • I gave it to my sister <u>who</u> is 5 years old.

① of which   ② that   ② whom   ④ whose

9. 다음 빈칸에 알맞은 관계부사를 쓰세요.

> I remembered the town _____ my family visited.

10. 다음 문장을 한 문장으로 바꿔 쓰세요.

1) I saw a bird. The bird had long wings.

    ➡ _____

2) He left on Sunday. We arrived on Sunday.

    ➡ _____

산타는 존재한다?

핀란드 로바니에미시에는 산타가 살고 있는 마을이 있어요.
산타는 그곳에서 각국의 어린이들이 보낸 편지를 읽고 답장을
써주기도 하고 산타를 만나러 온 사람들과 이야기를 나누기도
한다고 해요.
11월 30일 이전에 산타에게 편지를 보내면 답장을 보내준다고
하니 여러분도 산타에게 편지 한 장 보내보는 건 어떨까요?

산타클로스 마을 웹페이지 http://www.santagreeting.net/
산타클로스의 집무실을 볼 수 있는 웹 페이지 http://www.santaclaus.fi/?deptid=14561
산타클로스 주소 Santa's Post Office FIN-96930, Arctic Circle Finland

정답 및 해설

Unit 1 부가의문문과 간접의문문

부가의문문 Check p.14
1. isn't she 2. doesn't she

간접의문문 Check p.15
1. he is 2. the library has

Story Grammar

1. Winky is in the library, isn't he?
   Pinky doesn't know why Winky is in the library. Minky is with them in the library. Do you know who she is over there? Pinky is curious of her. She reads books in the library every day. She likes to read books, doesn't she?

2. • Pinky doesn't know why Winky is in the library. 핑키는 왜 윙키가 도서관에 있는지 몰라요.
   • Do you know who she is over there?
   ○ 저기에 있는 그녀가 누구인지 아세요?

   💬 윙키는 도서관에 있어요, 그렇지 않아요? 핑키는 왜 윙키가 도서관에 있는지 몰라요. 밍키도 그들과 함께 도서관에 있어요. "너는 저쪽에 있는 그녀가 누군지 아니?" 핑키가 밍키에게 물어요. 핑키는 그녀가 궁금해요. 그녀는 매일 도서관에서 책을 읽어요. 그녀는 책을 읽는 것을 좋아해요, 그렇지 않나요?

Quiz Time 기초 탄탄 p.16

A 1. do 2. are 3. doesn't 4. isn't
  5. doesn't 6. isn't 7. isn't 8. is

B 1. isn't she 2. doesn't he
  3. isn't she 4. doesn't she
  5. is he 6. doesn't he
  7. does she 8. doesn't he
  9. doesn't she 10. don't you

C 1. her boyfriend is 2. you love her
  3. she likes 4. I have to do
  5. this is

D 1. the answer is 2. the answer is
  3. it is 4. this seat is
  5. you like

Quiz Time 기본 튼튼 p.18

A 1. doesn't she 2. will you
  3. isn't she 4. shall we
  5. is she 6. did she
  7. isn't it

B 1. didn't she 2. shall we
  3. do you 4. can you
  5. is she 6. didn't we

C 1. Can you tell me where the music hall is?
  2. I'm confused if(whether) this place is on the first floor.
  3. What do you think her favorite song is?
  4. Ask her what she wants.
  5. Tell me what kinds of songs you like.

D 1. Do you know what time **it is**?
  2. I'm curious why **you are** studying very hard.
  3. **When** do you think the test is?
  4. **What** do you think this is?
  5. Oh! Tell me **whether** the test is tomorrow **or not**.

Quiz Time 실력 쑥쑥 p.20

A 1. won't you 2. shall we
  3. aren't you 4. is it
  5. did you 6. can't you

B 1. I wonder why that woman left early.
  2. Who do you think the princess is?
  3. What do you think those shoes cost?
  4. She knows what time it is.
  5. Tell me what her name is.
  6. Do you know if she rode in the car?

Review Test Unit 1 꽉 잡기 p.22

1. ③ 2. ③ 3. ② 4. will you
5. will you, shall we 6. ② 7. ① 8. ①
9. ① 10. ②

해설
1. ③ 부가의문문의 형태는 「동사＋주어」이다.
6. ③, ④ 간접의문문은 평서문과 의문문이 합쳐진 형태가 될 수도 있다.
8. 간접의문문에서 think, suppose, believe, imagine, guess 같은 동사가 주절에 올 경우에는 의문사를 문장 맨

9. ①의 if는 '만약 ~라면'의 뜻으로 쓰인 접속사이다. ②~④의 if는 간접의문문에 쓰인 if로 '~인지 아닌지'라고 해석한다.

10. ②는 간접의문문의 주절의 동사가 think이므로 의문사가 맨 앞으로 나와야 한다. **Why do you think she cried?** 가 맞는 문장이다.

Unit 2 부정대명사와 수량형용사

부정대명사 Check p.26

1. I don't have (any). Do you have (some)?
2. I have lots of carrots. Should I give you (one)?

수량형용사 Check p.27

1. There are (a lot of) dirty dishes.
2. Hurry up. We only have (little) time.

Story Grammar

1. one, the other
2. some, many, two

🌐 윙키는 오늘 학교에서 요리 수업이 있어요. 그는 샐러드를 만들 재료를 준비했어요. 그는 약간의 양상추와 많은 계란을 샀어요. 그는 또 사과를 두 개 샀어요. 하나는 빨간색이고, 다른 하나는 초록색이에요. 그는 당근이 좀 필요하다는 것을 깨달았어요. 그래서 그는 친구에게 당근을 좀 달라고 요청했어요.

Quiz Time 기초 탄탄 p.28

A 1. One, the other   2. Both
  3. one   4. None
  5. one, another, the other

B 1. some   2. some   3. any

C 1. a lot of   2. any, little
  3. a lot of   4. some, a few
  5. a lot of

D 1. a lot of   2. a little   3. a few

Quiz Time 기본 튼튼 p.30

A 1. All of Winky's family members practices cooking for the cooking competition.

○ All of Winky's family members **practice** cooking for the cooking competition.

2. They make two Italian dishes. All is pasta and the other is pizza.

○ They make two Italian dishes. **One** is pasta and the other is pizza.

3. They need any pasta noodles and cheese to cook.

○ They need **some** pasta noodles and cheese to cook.

4. All of them likes making Italian food.

○ All of them **like** making Italian food.

B 1. many   2. much
  3. a little   4. a few

C 1. We don't cook any Italian food.
  2. Does he like any pizza?
  3. She has some flour.
  4. She has some cheese.

D 1. a lot of   2. a few
  3. a few   4. a few

Quiz Time 실력 쑥쑥 p.32

A 2, 3, 5

B 1. any   2. any
  3. All, none   4. One, the other

C 1. a little oil to a frying pan
  2. all of the ingredients into the pan and stir-fry them
  3. a lot of milk and a little cream
  4. a little salt and pepper

해설

A 1. water는 셀 수 없는 명사로 복수형을 쓰지 않으므로 a lot of cups of waters는 a lot of cups of water라고 쓴다.
  4. bell pepper는 셀 수 있는 명사로 much가 아니라 many를 쓴다.

Review Test Unit 2 꼭 잡기 p.34

1. ③   2. ④   3. ②   4. ③
5. ①   6. ①   7. ④   8. ④

9. you like some

10. 1) I have two pencils. One is long and the other is short.

2) I have some(a little) salt.

2. Both of 다음에 셀 수 있는 명사가 나왔기 때문에 동사로 복수형을 써야 한다.

7. salt는 셀 수 없는 명사이므로 a few를 쓸 수 없고, a little 이나 some을 써야 한다.

3 접속사

등위접속사 Check p.38

1. He needs a coupon (or) e-money to play the game. 또는
2. (Both) Winky (and) Pinky like the board game. 둘 모두

종속접속사 Check p.39

1. He is not sure (whether) his mom will come late. ~인지 아닌지
2. He'll do his homework (after) he plays the game. ~한 후에

Story Grammar

1. and, or, either ~ or
2. when, if

🌐 윙키와 핑키는 게임을 해요. 그들은 게임을 시작할 때 자신들의 캐릭터를 선택해요. 캐릭터들은 달리거나 점프하면서 움직여요. 그들은 캐릭터가 바위 위로 점프하면 코인이나 아이템 중 하나를 얻어요. 누가 이길까요? 윙키와 핑키는 이긴 사람의 소원 들어주기 내기를 해요.

Quiz Time 기초 탄탄 p.40

A 1. and 2. but 3. and 4. and
 5. or

B 1. Both Winky and Pinky need a computer.
 ◐ (윙키와 핑키) 둘 모두
 2. Either Winky or Pinky can use the computer only on the weekend.
 ◐ (윙키와 핑키) 둘 중 하나는
 3. Neither he nor she can play computer games before a test.
 ◐ (그 또는 그녀)도 아닌

4. The reason he needs a computer is not because of games but because of his homework.
 ◐ (게임 때문이) 아니라 (숙제 때문)이다
5. Not only Winky but also Pinky will study hard for the test.
 ◐ (윙키)뿐만 아니라 (핑키)도

C 1. that 2. if 3. that 4. that
 5. if 6. that

D 1. if, 만약 ~한다면
 2. after, ~한 후에
 3. unless, 만약 ~이 아니라면
 4. when, ~할 때
 5. though, 비록 ~이지만
 6. because, ~ 때문에

Quiz Time 기본 튼튼 p.42

A 1. and 2. or 3. but
 4. and 5. but 6. or

B 1. Both 2. either 3. either
 4. both 5. neither 6. but

C 1. Winky thinks that the typing test is hard.
 2. He realized that he made a mistake.
 3. He doubts whether he can do well on the test.
 4. Mom prayed that Winky does well on the test.
 5. His mom is not sure if he will pass the test.

D though, when(if), that, if

D 수학 점수가 나빠서 걱정하세요?
 열심히 공부했는데도 좋은 점수를 받을 수 없었나요?
 학교에서 배운 수학을 모를 때는 이 게임을 사용해 보세요.
 이 게임은 너무 쉬워서 초보자도 쉽게 사용할 수 있어요.
 이 게임을 하신 후에도 수학 점수가 나아지지 않는다면 환불해 드리겠습니다.

Quiz Time 실력 쑥쑥 p.44

A 1. The mine game **and** the chess game are his favorite computer games.
 2. The chess game is fun **but** hard.
 3. Dinky knows Winky's ID **and** password.
 4. They need Mom's **or** Dad's permission to play computer games.

B
1. Either Pinky or Winky has to stay home.
2. Both Mom and Dad come home late.
3. Neither Dinky nor Minky is at home.
4. She as well as he has to use the computer.
5. We need a computer not for playing games but for studying.

C
1. I get irritated **after(when)** I play computer games.
2. I can't distinguish **if(whether)** the characters from computer games are real.
3. I'm very happy **when** I'm playing computer games.
4. I play computer games **when** I'm having a hard time.
5. The world will be boring **if** I can't play computer games.
6. I play computer games **after(when)** everyone falls asleep.
7. I wake up late **because** I play computer games until late.

Review Test Unit 3 꼭 잡기 p.46

1. ④   2. ①   3. ③   4. ①
5. ②   6. ③   7. that
8. While – if – when(if)   9. before, after
10. 1) He liked to play the piano when he was young.
    2) I made a lot of friends since I moved to Busan.

해설
1. so는 등위접속사로 문장과 문장만을 연결하며 '그래서', '그러므로'라고 해석한다.
2. 세 가지 이상의 내용을 나열할 때는 연결되는 내용 앞에 모두 콤마(,)를 사용하고, 마지막 연결 내용 앞에 한 번만 and를 쓴다.
4. both A and B는 등위상관접속사로 이 부분이 주어로 사용될 경우 복수 취급하며, 'A와 B 둘 모두'로 해석한다.
5. 등위접속사는 서로 대등한 관계로 연결시켜준다. 대등한 관계란 명사와 명사, 형용사와 형용사, 문장과 문장과 같은 관계를 말한다.
6. ① if 만약 ~라면
   ② if ~인지 아닌지
   ③ that ~라는 것(~라고)
   ④ if ~인지 아닌지
9. before ~ 전에, after ~한 후에

Unit 4 부정사

to부정사의 형태와 용법 Check p.50
1. to   2. to

의미상의 주어와 원형부사 Check p.51
1. for   2. throw

Story Grammar
1. 1) To make new friends is very interesting. / 명사적 용법
   2) He wants to talk to her. / 명사적 용법
   3) She has a sibling to go with. / 형용사적 용법
   4) Winky is very glad to sit by her. / 부사적 용법
2. That makes him feel a little nervous.
   ○ 그것이 그를 약간 긴장하게 해요.
   새로운 친구들을 사귀는 것은 매우 흥미로워요. 윙키는 누군가가 그를 쳐다보는 것을 느껴요. 그것은 그를 약간 긴장하게 해요. 그는 그녀와 대화하기를 원해요. 그녀는 함께 가는 자매가 있어요. 윙키는 그녀 옆에 앉아서 매우 기뻐요.

Quiz Time 기초 탄탄 p.52

A
1. To visit   2. to stay
3. to get lost   4. to ask
5. to look   6. To read
7. to make   8. to arrive

B
1. to play   2. to see   3. to be
4. to listen 5. to give   6. to protect

C
1. for   2. of   3. for   4. for
5. for   6. for   7. of   8. for

D
1. sing   2. dance   3. sing
4. break   5. clean   6. know
7. sing, to sing (둘 다 맞음)
8. do

Quiz Time 기본 튼튼 p.54

A
1. to cook   2. To buy   3. to take
4. to read   5. to give   6. to taste

B
1. clean / Our habit is **to clean** the house before dinner.
2. to cleaned / He likes **to clean** his

grandmother's house.

3. make / He decides **to make** a robot.
4. help / He uses the robot **to help** him.
5. to cooked / He also wishes for the robot **to cook** his meal early.

C 1. It's a great pleasure **for me to play** a game with them.
2. She doesn't want **us to lose** the game.
3. It was surprising **for her to use** a trick.
5. It's not honest **of her to ignore** the rules.
6. It's nice **of him to help** his younger siblings.

D 1. Mom made my younger sister shuffle the cards.
2. Let me know when it is my turn.
3. He had me deal the cards.
4. I saw her change a card.
5. Games help me relieve my stress.

(🎧 해설)

A to부정사의 형태는 「to＋동사원형」이다.

🕐 실력 쑥쑥 p.56

A 1. to draw 2. to go 3. to meet
4. to understand 5. to read
5. to do

B 1. of you 2. Pinky 3. of you
4. for you 5. him

C 1. wear 2. ride 3. shake
4. eat 5. sing

(🎧 해설)

C 지각동사(feel, hear, see 등)와 사역동사(make, have, let 등) 뒤에는 원형부정사가 온다.

Review Test Unit 4 꽉 잡기 p.58

1. ④ 2. ③ 3. ① 4. ③ 5. ①
6. ④ 7. ① 8. ② 9. ① 10. ③

(🎧 해설)

1. ④ to부정사의 to 다음에 오는 동사는 인칭에 상관 없이 동사원형이다.
2. 각 보기의 travel 앞에 to를 붙여야 한다.
4. ③번의 to는 '~로'라는 장소 전치사로 쓰였다.
6. ④의 문장 전체의 주어는 '나'이지만, to부정사의 의미상의 주어는 '그녀'이다. like는 목적어가 필요한 동사이므로 for

없이 목적격 보어인 her를 이용하여 의미상의 주어를 나타냈다.
8. 지각동사와 사역동사는 to 없는 원형부정사와 쓰지만 help는 to부정사와 쓰기도 한다.
10. ④ to부정사는 to 다음에 동사원형이 온다.
   *shiver 떨다

5 동명사

동명사의 의미와 역할 Check p.62

1. △ 2. ☐ 3. ○

동명사가 들어간 표현 Check p.63

1. ○ 2. △

(Story Grammar)

playing, preparing, practicing, going

🔊 다음달에 '오즈의 마법사' 오디션이 있어요. 핑키의 소원은 도로시 역을 맡는 거예요. 윙키는 틴맨 역을 맡기를 고대해요. 오디션을 준비하는 것은 힘들지만 재미있어요. 핑키와 윙키는 연습하느라 바빠요. 그들은 오디션에 가기를 기대해요.

🕐 기초 탄탄 p.64

A 1. meeting 2. having 3. having
4. living 5. Finding 6. going
7. coming

B 1. 주어 2. 보어 3. 주어
4. (전치사의) 목적어 5. (전치사의) 목적어
6. (목적) 보어

C 1. to watch / Winky suggests **watching** movies on weekends.
2. gather / Mom anticipates the whole family **gathering** on the weekend.
3. to imitate / Pinky enjoys **imitating** the character from the movie.
4. speak / Winky mimics Jim Carrey's way of **speaking**.
5. Watch / **Watching** the movie with Pinky is really nice.

D 1. is worth watching, ~할 가치가 있다
2. feel like watching, ~하고 싶다

3. is tired of watching, ~하는 것에 싫증나다

4. cannot help watching, ~하지 않을 수 없다

5. go shopping, ~하러 가다

Quiz Time 기본 튼튼 p.66

A 1. collecting 　　　**2.** Taking

3. buying 　　　　　**4.** skipping

5. going 　　　　　**6.** becoming

B 1. Po enjoys eating noodles.

2. He avoids helping his father.

3. He finishes practicing kung fu.

4. His master suggests keeping off the enemies.

5. He didn't give up fighting his enemies.

C 1. talks ○ talking

2. become ○ becoming

3. made ○ making

D 1. Winky **feels like going** to the theater to watch *Kung Fu Panda*.

2. On arriving at the theater, he bought a ticket.

3. This movie **is worth waiting** a long time to see.

4. It goes without saying that this movie is great.

Quiz Time 실력 쑥쑥 p.68

A 1. Learning 　　　**2.** improving

3. watching

B 1. picking 　　　　**2.** Climbing

3. eating 　　　　　**4.** flying

C 1. going 　**2.** mind 　**3.** 보어

4. 고집을 부려도 소용없다.

Review Test Unit 5 꼭 잡기 p.70

1. ③ 　**2.** ① 　**3.** ④ 　**4.** ② 　**5.** ②

6. ④ 　　**7.** reading

8. 1) preparing 　2) finishing

9. use

10. 1) I couldn't avoid answering the question.

　　2) They couldn't help laughing.

해설

1. 동명사는 동사의 성질을 가진 명사로서 문장 속에서 주어,

목적어, 보어로 쓰인다.

4. ①, ③, ④의 동명사는 목적어로 쓰였다.

6. 동명사의 부정형을 만들기 위해서는 동명사 앞에 **not** 또는 never를 붙인다.

9. It is no use -ing: ~해도 소용없다(= There is no use -ing)

　* bawl 엉엉 울다 　predict 예견하다

10. cannot help -ing: ~하지 않을 수 없다

Unit 6 분사와 현재완료

분사의 의미와 쓰임 Check p.74

1. 노래하고 있는 여자, singing 　**2.** 불려진 노래, sung

현재완료의 의미와 쓰임 Check p.75

1. met 　　　　**2.** played

Story Grammar

1. They saw a singer playing the guitar there. many people saw a broken guitar by Winky.

2. · Winky, have you ever played the guitar?

　· No, I have never played the guitar.

윙키와 그의 가족은 ABC 연주회장을 방문했어요. 그들은 거기에서 기타를 연주하는 가수를 보았어요. "윙키, 너는 기타를 연주해 본 경험이 있니?"라고 밍키가 윙키에게 물었어요. "아니, 나는 한 번도 기타를 연주해 본 적이 없어. 하지만 나는 할 수 있어."라고 윙키가 대답했어요. 오, 저런! 윙키의 연주가 끝났을 때, 많은 사람들은 윙키에 의해 고장난 기타를 보고야 말았어요.

Quiz Time 기초 탄탄 p.76

A 1. 현 　　**2.** 과 　　**3.** 과

4. 현 　　**5.** 현 　　**6.** 현

B 1. wearing 　**2.** playing 　**3.** broken

4. singing 　**5.** giving 　**6.** written

7. dancing

C 1. finished 　**2.** sung 　**3.** been 　**4.** lost

D 1. Has 　　**2.** Have 　　**3.** Have

4. have 　　**5.** has 　　**6.** hasn't

해설

D 1. 문장의 주어가 3인칭 단수이므로 **has**

2. 문장의 주어가 3인칭 복수이므로 have
3. 문장의 주어가 2인칭이므로 have
4. 문장의 주어가 1인칭이므로 have
5. 문장의 주어가 3인칭 단수이므로 has
6. 문장의 주어가 3인칭 단수이므로 has not의 줄임말인 hasn't

Quiz Time 기본 튼튼 p.78

A 1. sitting under the tree
   2. the dancing cat
   3. playing the guitar
   4. a dress made in Korea

B 1. They saw the **dancing** girl.
   2. Many people watched the **interesting** show.
   3. It was a **surprising** show.
   4. The **excited** people danced and sang together.

C 1. I have been interested in music since I was young.
   2. How long has Pinky played the piano?
     ○ She has played the piano for two hours.

D 1. Have they watched the singer on TV?
   2. Has Winky lost the singer's autograph?
   3. Has Mom already had dinner?
   4. She hasn't(has not / has never) finished making the dancing shoes.
   5. Dinky and Minky haven't(have not / have never) been asleep since this afternoon.

해설
D 1~3. 현재완료의 의문문은 「Have/Has+주어+과거분사 ~?」의 형태이다.
   4~5. 현재완료의 부정문은 「주어+have/has not (never)+과거분사 ~」의 형태로 쓰인다. 이때, have not을 haven't, has not을 hasn't로 줄여쓰기도 한다.

Quiz Time 실력 쑥쑥 p.80

A (나온 순서대로) wearing, wearing, exciting

B 1. I saw a **dancing** singer on the stage.
   2. After the **exciting** show, the audience gave us a big hand.

C 1. lost   2. Yes, he has.

해설
B 1. 춤을 추는 주체가 가수이므로 현재분사 dancing을 사

용한다.
C 윙키가 8월 8일에 영국에서 집에 왔으니까 Yes, he has. 가 맞다.

Review Test Unit 6 꼭 잡기 p.82

1. ④   **2.** ②   **3.** dancing
4. ④   **5.** ②   **6.** ③   **7.** ②   **8.** ②
9. ②   **10.** ③

해설
4. '프랑스에서 만들어진 펜'이므로 과거분사 made를 써야 한다.
6. draw의 과거분사는 불규칙 변화에 의해 만들어지는 drawn이다.
8. 현재완료는 미래를 나타내는 단어들과 쓰지 않는다.

Unit 7 수동태

수동태의 의미와 형태 Check p.86

1. 받다, gets   **2.** 보내진다, is sent

수동태를 만드는 방법 Check p.87

1. is written   **2.** is sung

Story Grammar

1. Today, Winky's family has to prepare something for Mary's wedding. Pinky prepares a song for her aunt Mary.
A beautiful cake is made by Mom.
A celebration card is written by Winky.
2. 1) Is a beautiful cake made by Mom?
   2) A beautiful cake is not made by Mom.

🌐 오늘, 윙키의 가족은 메리 이모의 결혼식을 위해 무언가를 준비해야 해요. 핑키는 메리 이모를 위해 노래를 준비해요. 아름다운 케이크는 엄마에 의해 만들어져요. 축하 카드는 윙키에 의해 쓰여져요.

해설
2. 2) is not은 isn't 로 줄여서 쓰기도 한다.

Quiz Time 기초 탄탄 p.88

A 1. 수   2. 능   3. 수

4. 능   5. 수   6. 능

B 1. made   2. washed   3. made
     4. ironed   5. bathed   6. filled

C 1. box   2. is   3. are
     4. driven   5. Dad

D 1. is, found   2. is not
     3. are   4. Is, brought

해설

B 6. be filled with는 '~으로 가득차다'라는 뜻이다.

C 수동태의 현재와 과거시제는 be동사에 나타나야 한다.
     2. Dinky wears a red bow tie.를 수동태 문장으로 만들 때, 능동태의 동사 wears를 「be동사+과거분사」로 고친다. 이때, 능동태의 시제가 현재이므로 A red bow tie **is** worn by Dinky.로 고칠 수 있다.
     3. Minky wears sunglasses.를 수동태 문장으로 고치면, 능동태 문장의 목적어였던 **sunglasses**가 수동태 문장의 주어가 되므로 동사는 주어의 수와 능동태의 시제를 따라 **are worn**이 된다.

기본 튼튼 p.90

A 1. The celebration card is given
     2. The box with beautiful roses is given, by Pinky
     3. is worn by Mary
     4. was stitched by Grandma

B 1. is ➊ are   2. throw ➊ thrown
     3. are ➊ is   4. invite ➊ invited

C 1. invited   2. cooked   3. treated

D 1. (부정문) The castle was not(wasn't) designed by a magician.
     (의문문) Was the castle designed by a magician?
     2. (부정문) The chocolate ice cream is not(isn't) sent to Pinky by a chef.
     (의문문) Is the chocolate ice cream sent to Pinky by a chef?
     3. (수동태의 의문문) Who was this ice cream made by?
     (수동태의 의문문) By whom was this ice cream made?
     4. (수동태의 의문문) When was this ice cream made by him?

해설

B 1~4. 능동태 문장을 수동태 문장으로 바꿀 때 능동태의 동

사는 「be동사+과거분사」로 바꾸고, 시제는 능동태의 동사 시제에 맞추어야 한다. 또, 주어의 수에 따라서 동사에 사용되는 be동사가 달라진다. 현재시제의 경우 주어가 단수이면 is, 복수이면 are가 된다.

실력 쑥쑥 p.92

A 1. delivered   2. filled
     3. opened   4. were satisfied

B 1. Many kangaroos were seen by us.
     2. The village was covered with green grass.

C 1. The wedding cake was made by Mom.
     2. A letter for Mary was written by Winky.
     3. The wedding song for Aunt Mary was sung by Pinky.
     4. The wedding hall was decorated with flowers by Dinky.
     5. The wedding bouquet was made by Minky.

Review Test Unit 7 꽉 잡기 p.94

1. ②   2. ④

3. Was the letter written by Pinky?

4. ④   5. ③   6. ①

7. isn't(is not) repaired by my father

8. ③   9. ①   10. ③

해설

1. 「be동사+과거분사」 형태의 수동태 문장에서 be동사는 주어의 수에 따라 단수나 복수로 결정되고 be동사 뒤에는 과거분사를 쓴다. 따라서 다음과 같이 올바른 문장으로 고칠 수 있다.
     ① The bouquet is made by the artist.
     ③ A letter is sent to me by my aunt.
     ④ Many people are invited to the party by my aunt.

2. ①~③은 내가 여동생에게 장미꽃을 준다는 내용이고, ④는 나의 여동생이 내게 장미꽃을 준다는 내용이므로 나머지 셋과 다른 것은 ④이다.

4. ④에서 주어인 The room은 단수이므로 be동사를 are가 아니라 is로 고쳐야 한다.

9. The picture is drawn by his sister.는 「be동사+과거분사」가 사용된 수동태 문장으로 수동태의 부정문은 「be동사+not+과거분사」의 형태로 고치면 된다.

10. give는 불규칙 변화를 하는 동사로 give의 과거동사는 gave, 과거분사는 given이다.

Unit 8 관계대명사와 관계부사

관계대명사 Check p.98

1. Winky gave Pinky a present (which) was a teddy bear.
2. Winky was waiting for his mom, (who) went to the office.

관계부사 Check p.99

1. Mother forgot the time when we were meeting.
2. I didn't know the reason why she was late.

Story Grammar

1. which, who
2. when

오늘은 우리 가족이 크리스마스 트리를 꾸미는 날이에요. 그래서 나는 트리를 꾸미는 방법이 설명된 책을 읽었어요. 나는 트리 꼭대기에 노란 별을 매달고 있는 남자를 보았어요. 갑자기, 그가 나에게 말했어요. "만약 네가 그것을 만드는 방법을 알기를 원한다면, 여기로 오렴." 그리고 그는 내 손을 잡아당겼어요.

Quiz Time 기초 탄탄 p.100

A 1. who 2. which
3. which 4. which

B 1. 주 2. 소 3. 목 4. 주

C 1. where 2. where
3. when 4. why

D 1. where 2. how 3. where

Quiz Time 기본 튼튼 p.102

A 1. Winky's parents gave him the bike which (that) he wanted to have.
2. He was happy to get the bike whose(of which the) color is green.
3. His parents gave the doll to Pinky who(that) was looking at it with a smile.
4. She kissed her doll which(that) had pink cheeks.

B 1. (×) ◑ 콤마가 있는 부가 설명에서는 관계대명사를 that 으로 바꿔 쓰지 않는다.(= 서술적 용법일 때는 who나 which를 that으로 바꿔 쓰지 않는다.)

2. (○)
3. (×) ◑ 콤마가 있는 부가 설명에서는 관계대명사를 that 으로 바꿔 쓰지 않는다.
4. (×) ◑ 콤마가 있는 부가 설명에서는 관계대명사를 that 으로 바꿔 쓰지 않는다.

C 1. Christmas Eve is the day when his grandmother was born.
2. That was the reason why they went to see her.
3. They took an elevator to the 8th floor where his grandmother's office is.

D 1. Winky's family went to the ice rink **where** they usually visited.
2. The ice rink is the place **where** most children want to go.
3. But they couldn't go there because Christmas is the day **when** it isn't open.
4. They didn't know the **reason** why they couldn't go there.

Quiz Time 실력 쑥쑥 p.104

A 1. who(that) 2. whose
3. which(that) 4. whom(who)

B 1. who(that) 2. whose
3. where 4. when

C 1. which(that) 2. which(that)
3. which(that) 4. where
5. who(that) 6. whose

Review Test Unit 8 꽉 잡기 p.106

1. ① 2. ④ 3. ③ 4. ③
5. ② 6. ② 7. ③ 8. ②
9. where
10. 1) I saw a bird which(that) had long wings.
2) He left on Sunday when we arrived.

해설

2. her name이므로 관계대명사는 that이 아니라 whose를 써야 한다.
4. ③ that은 소유격 관계대명사와는 바꿔 쓸 수 없다.
7. ③ the way와 how는 한 문장에서 같이 쓰지 않는다. 둘 중에 하나만 쓴다.

WOW! Smart Grammar

와~ 스마트한 그래머 책이 나왔대!

우 리들이 문법 공부 하기에 딱인 걸! (한승연, 성남송현초)

스 르르 빠져드는

마 법 같은 문법책

트 집 잡을 곳이 하나도 없는 멋진 책! (김다희, 성남송현초)

그 래 그래 바로 이 책이야~

래 (레)몬처럼 상큼하고

머 리가 시원해지는 문법책이다! (김혜준, 신월초)

와 우! 문법을 이야기로 공부하는 책이 나온다면

우 리가 쏜살같이 달려가서 사버려야지!! (백원종, 판교초)

스 마트한 그래머 책이 나왔다고?

마 법처럼 머리에 쏙 쏙 들어 오네!

트 랄랄라 신나게 공부하자! (김한영, 판교초)

그 래머 책은 학생의 미

래 실력이 튼튼하도록

머 슴처럼 도와 줍니다. (김규빈, 성남송현초)

와 이 책은 이야기 문법책이잖아!

우 리 집에 있는 재미없는 문법책보다 훨씬 재미있네. (민규원, 내정중)

스 스로 공부하려면 작심삼일

마 음 먹은 대로 공부하게 해주는 이 책으로

트 러블투성이 빵점 짜리 시험지 앞에 10 하나 그려 넣자. (김지민, 내정중)

그 래! 할 수 있어

래 (내) 미래를 펼쳐 줄 WOW Smart Grammar!

머 어~ㅅ지게 도전해 보자! (조유진, 판교초)

단어장

Say!
Smart
Grammar

3

부가의문문과 간접의문문

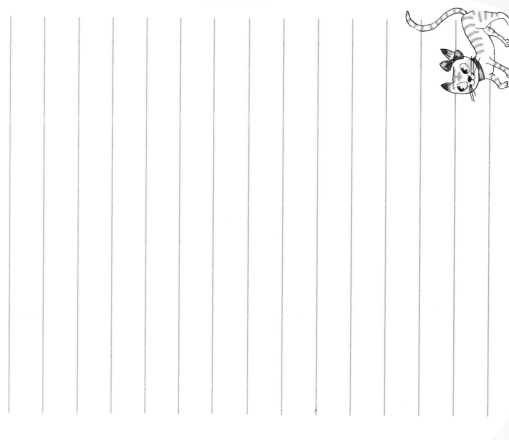

A 다음 단어들을 모두 알고 있나요? 확인해 보세요.

1.	be going to	동 ~할 것이다
2.	imagine	동 상상하다, 생각하다
3.	suppose	동 추정하다, 생각하다
4.	whether	접 ~인지 아닌지
5.	curious	형 궁금한
6.	have a test	구 시험보다
7.	all kinds of	구 모든 종류의
8.	look for	구 ~을 찾다
9.	make a seat	구 자리를 맡아두다
10.	be good at	구 ~에 소질이 있다
11.	bring	동 가져오다
12.	correct	형 맞는, 적절한
13.	guess	동 추측하다

14. ☐ have lunch 〖구〗 점심을 먹다

15. ☐ salty 〖형〗 소금이 든, 짠

16. ☐ shall 〖조〗 ~일(할) 것이다

17. ☐ music hall 〖명〗 음악당, 뮤직홀

18. ☐ favorite 〖형〗 가장 좋아하는

19. ☐ cool 〖형〗 멋진, 시원한

20. ☐ angel 〖명〗 천사

21. ☐ wing 〖명〗 날개

22. ☐ focus on 〖구〗 ~에 집중하다

23. ☐ even 〖부〗 ~도(조차)

24. ☐ leave(left–과거형 동사) 〖동〗 떠나다

25. ☐ princess 〖명〗 공주

26. ☐ cost 〖동〗 (값·비용이) ~이다

27. ☐ ride(rode–과거형 동사) 〖동〗 타다

28. ☐ dance with joy 〖구〗 신나게 춤을 추다

29. ☐ make a loud noise 〖구〗 큰 소리를 내다

30. ☐ mute 〖형〗 ~의 소리를 죽이다

우리말과 같은 뜻이 되도록 빈칸을 채워 영어 문장을 완성하세요.

1.	왜 그는 도서관에 가고 있니?	Why is he _____ the library?
2.	너는 그가 도서관에 있다고 생각하니?	Why do you _____ he's in the library?
3.	너는 그가 도서관에 있다고 주장하니?	Why do you _____ he's in the library?
4.	나는 그가 도서관에 있는지 없는지 모른다.	I don't know _____ he is at the library or not.
5.	핑키는 그녀가 궁금하다.	Pinky is _____ of her.
6.	너는 시험이 없어, 그렇지?	You don't _____ a _____, do you?
7.	그녀는 모든 종류의 책을 좋아한다.	She likes all _____ of books.
8.	그는 그녀를 찾고 있다.	He is _____ for her.
9.	그는 자리를 맡고 있다.	He is _____ a _____.
10.	그는 과학을 잘 못해, 그렇지?	He's not _____ science, is he?
11.	그는 과학책들을 가져와, 그렇지 않니?	He _____ science books, doesn't he?
12.	나는 정답이 맞았는지 틀렸는지 신경 쓰지 않는다.	I don't care if the answer is _____.
13.	나는 이 의자가 그녀의 것인지 아닌지 추측할 수 있다.	I can _____ if this seat hers.
14.	그녀는 점심을 먹지 않았다.	She didn't _____ lunch.

Unit 7 — 수동태

B

1. wedding 2. invitation card 3. prepares 4. celebration
5. decorated 6. delivered 7. ironed 8. bathed 9. filled 10. bow
11. repairs 12. worn 13. stitched 14. covered 15. photographer
16. thrown 17. invited 18. reception 19. treated 20. designed
21. chef 22. gift box 23. satisfied 24. honeymoon 25. village
26. grass 27. drawn 28. groom 29. bridesmaid 30. bouquet

Unit 8 — 관계대명사와 관계부사

B

1. elves 2. office 3. forgot 4. explains 5. hanging 6. branches
7. decorations 8. bulbs 9. used 10. colored pencils 11. present
12. ornament 13. near 14. remembers 15. reason 16. stared
17. held 18. cheeks 19. smile 20. combed 21. next 22. place
23. open 24. neighborhood 25. around 26. replying 27. bloom
28. front 29. exact 30. town

Unit 4 부정사

B

1. instead 2. weight 3. away 4. at 5. by 6. lost 7. favor
8. in 9. cousin 10. grew 11. neatly 12. care 13. dangerous
14. suck 15. still 16. solo 17. break 18. musical 19. recipe
20. shocked 21. meal 22. pleasure 23. trick 24. ignore 25. shuffle
26. relieve 27. art gallery 28. Artwork 29. brochure 30. thoughtful

Unit 5 동명사

B

1. director 2 creative 3. SF movies 4. romantic 5. suggested
6. popcorn 7. way 8. enjoy 9. worth 10. ashamed 11. busy
12. anticipates 13. forward 14. feels 15. problem 16. excited
17. role 18. proud 19. tired 20. Actually 21. considers
22. eventually 23. appreciate 24. avoids 25. kung fu 26. keeping
27. enemies 28. recommends 29. mimics 30. used

Unit 6 분사와 현재완료

B

1. before 2. has gone 3. finished 4. concert hall 5. never
6. answered 7. used 8. dress 9. envies 10. center 11. big hand
12. already 13. stayed 14. joined 15. wave 16. made
17. surprising 18. interested 19. for 20. autograph 21. since
22. nursing home 23. a lot 24. audience 25. experience
26. museum 27. came back 28. still 29. yet 30. broken

---

15. 이것은 너무 짜, 그렇지 않니?

This is very ____ , isn't it?

16. 숙제를 하자, 어때?

Let's do our homework, ____ we?

17. 음악당이 어디에 있니?

Where is the ____ ?

18. 그녀가 가장 좋아하는 곡은?

What is her ____ song?

19. 너는 정말 멋지다니!

You're so ____ !

20. 너는 진짜야, 그렇지 않니?

You are an ____ , aren't you?

21. 나는 남개는 없다.

I don't have ____ .

22. 넌 나한테 집중하지 않았어, 그렇지?

You didn't ____ on me, did you?

23. 그것에 대해 생각은 하지마!

Don't ____ think about it.

24. 난 왜 저 여자가 빨리 떠났는지 궁금하다.

I wonder why that woman ____ early.

25. 너는 누가 공주라고 생각하니?

Who do you think the ____ is?

26. 너는 이 구두가 얼마일 거라고 생각하니?

What do you think those shoes ____ ?

27. 너는 그녀가 차를 탔는지 아닌지 아니?

Do you know if she ____ in the car or not?

28. 신나게 춤을 춰, 그렇게 출래?

Dance with ____ , will you?

29. 도서관에서 시끄럽게 떠들면 안된다.

You can't make loud ____ .

30. 휴대폰은 진동으로 해야 한다.

You have to ____ your cell phone.

Unit 2 부정대명사와 수량형용사

A 다음 단어들을 모두 알고 있나요? 확인해 보세요.

영단어 부분은 가리고, 한글 뜻만 보면서 빈칸에 알맞은 영단어를 써 보세요.

1. □ many — 형 (수가) 많은
2. □ much — 형 (양이) 많은
3. □ a few — 형 (수가) 조금 있는
4. □ a little — 형 (양이) 조금 있는
5. □ few — 형 (수가) 거의 없는
6. □ little — 형 (양이) 거의 없는
7. □ dirty — 형 더러운
8. □ hurry up — 구 서두르다
9. □ realize — 동 깨닫다
10. □ ingredient — 명 재료
11. □ ask for — 구 ~을 요청하다
12. □ aunt — 명 이모, 고모
13. □ magician — 명 마법사

Unit 1 부가의문문과 간접의문문

B

1. going to　2. imagine　3. suppose　4. whether　5. curious　6. have, test　7. kinds　8. looking　9. making, seat　10. good at　11. brings　12. correct　13. guess　14. have　15. salty　16. shall　17. music hall　18. favorite　19. cool　20. angel　2~. wings　22. focus　23. even　24. left　25. princess　26. cost　27. rode　28. joy　29. noises　30. mute

Unit 2 부정대명사와 수량형용사

B

1. many　2. much　3. a few　4. a little　5. few　6. little　7. dirty　8. Hurry　9. realized　10. ingredients　11. for　12. aunts　13. magician　14. unexpectedly　15. competition　16. already　17. chef　18. fries　19. mixes　20. Potion　21. pot　22. feathers　23. alligator　24. bell peppers　25. Pour　26. Stir-fry　27. measuring cups　28. first　29. second　30. last

Unit 3 접속사

B

1. password　2. coupon　3. bet　4. laptop　5. characters　6. pros, cons　7. Both　8. performance　9. Either　10. Neither　11. not, but　12. only, also　13. shortcut　14. make up　15. during　16. though　17. allows　18. French fries　19. Junk　20. master　21. defend　22. doubts　23. prayed　24. score　25. beginners　26. guarantee　27. mine game　28. permission　29. irritated　30. distinguish

Answers

14. ☐ unexpectedly	부 갑작스럽게, 뜻밖에	
15. ☐ competition	명 경쟁, 대회	
16. ☐ already	부 이미, 벌써	
17. ☐ chef	명 요리사	
18. ☐ fry	동 (기름에) 튀기다, 볶다	
19. ☐ mix	동 섞다	
20. ☐ potion	명 물약	
21. ☐ pot	명 냄비, 솥	
22. ☐ feather	명 깃털	
23. ☐ alligator	명 악어	
24. ☐ bell pepper	명 피망	
25. ☐ pour	동 붓다	
26. ☐ stir-fry	동 (기름에) 볶다	
27. ☐ measuring cup	명 계량컵	
28. ☐ first	부 첫째로	
29. ☐ second	부 둘째로	
30. ☐ last	부 마지막으로	

우리말과 같은 뜻이 되도록 빈칸을 채워 영어 문장을 완성하세요.

1. 나는 많은 장난감을 가지고 있지 않다.
I don't have _____ toys.

2. 나는 많은 물을 마실 수 없다.
I can't drink _____ water.

3. 난 사과가 조금 있다.
I have _____ apples.

4. 그는 조금의 우유를 그릇에 붓는다.
He puts _____ milk into a bowl.

5. 난 계란이 거의 없다.
I have _____ eggs.

6. 난 설탕이 거의 없다.
I have _____ sugar.

7. 더러운 접시가 너무 많다.
There are a lot of _____ dishes.

8. 서둘러라.
_____ up.

9. 그는 약간의 당근이 필요한 것을 깨닫는다.
He _____ that he needed some carrots.

10. 그는 샐러드를 만들기 위해 약간의 재료를 준비했다.
He prepared some _____ to make a salad.

11. 그래서 그는 친구에게 약간을 요청했다.
So he asked _____ some from a _____ friend.

12. 윙키는 이모가 둘 있다.
Winky has two _____.

13. 한 명은 미용사이고 다른 한 명은 요리사이다.
One is a _____ and the other is a cook.

14. 어느 날, 이모 중 한 명이 윙키 집을 갑자스럽게 방문했다.
One day, one of his aunts visited Winky's home _____.

15. 그녀는 그 이유를 모른다.
She doesn't know the _____.

16. 핑키는 그 인형을 뚫어지게 쳐다보았다.
Pinky _____ at the doll.

17. 콘서트가 토요일에 열린다.
The concert is _____ on Saturday.

18. 그 인형은 붉은 빨을 가졌다.
The doll had pink _____.

19. 핑키는 미스 지으며 그것을 보고 있었다.
Pinky was looking at it with a _____.

20. 그녀는 인형 머리를 벗겼다.
She _____ the doll's hair.

21. 그 백화점은 아이스링크장 옆에 있다.
The department store is _____ to the ice rink.

22. 아이스링크장은 대부분의 아이들이 가고 싶어한다.
The ice rink is the _____ where most children want to go.

23. 크리스마스는 그곳이 문을 열지 않는 날이다.
Christmas is the day when it isn't _____.

24. 그녀는 같은 동네에 산다.
She lives in the same _____.

25. 그는 전세계의 아이들로부터 온 많은 편지를 받았다.
He got many letters which are from children _____ the world.

26. 편지에 담장할 생각이 나를 행복하게 만든다.
Thinking about _____ to letters makes me happy.

27. 꽃은 봄에 핀다.
Flowers _____ in spring.

28. 그는 그곳 앞에 자전거를 주차하려고 했다.
He tried to park his bike in _____ of the place.

29. 그는 정확한 장소를 알지 못했다.
He didn't know the _____ place.

30. 나는 그 마을을 기억했다.
I remembered the _____ place.

B 우리말과 같은 뜻이 되도록 빈칸을 채워 영어 문장을 완성하세요.

1. 그의 요정들은 빨간 모자를 썼다.	His ______ wore red hats.
2. 윙키는 사무실로 갔다.	Winky went to the ______.
3. 엄마는 그 시간을 잊어버렸다.	Mother ______ the time.
4. 나는 나무를 장식하는 방법에 대해 설명하는 책을 읽었다.	I read a book which ______ how to decorate a tree.
5. 나는 나무 꼭대기에 노란 별을 매달고 있는 남자를 보았다.	I saw a man who was ______ a yellow star on top of a tree.
6. 그 나무는 크고 많은 나뭇가지가 있었다.	The tree was big and had many ______.
7. 그들은 장식품들을 가지고 온다.	They bring ______.
8. 전구들, 방울들, 그리고 인형이 있다.	There are ______, bells, and a doll.
9. 그는 빨간 펜을 사용했다.	He ______ a red pen.
10. 산타의 아내가 카드 여러 장과 색연필들을 가져온다.	Santa's wife brings cards and ______.
11. 산타는 나에게 선물을 준 뒤 작별인사를 한다.	Santa says goodbye after giving me a ______.
12. 산타는 나에게 선물을 주었는데, 그것은 별 장식품이다.	Santa gave me a present, which is a star ______.
13. 그 상점은 핑키의 학교와 가깝다.	The store is ______ Pinky's school.
14. 그는 그 날을 기억한다.	He ______ the day.
15. 나는 아이들과 함께 요리 경연 대회에 참가할 것이다.	I will be participating in a cooking ______ with the kids.
16. 나는 이미 조금 마셨다.	I had some ______.
17. 사진 속 요리사가 말했다.	A ______ in the picture said.
18. 그는 약간의 버섯을 볶는다.	He ______ some mushrooms.
19. 윙키는 밀가루에 약간의 버터를 섞는다.	Winky ______ some butter with flour.
20. 마법 물약을 만드는 방법	How to Make a Magic ______
21. 냄비에 많은 물을 부어라.	Pour a lot of water into a ______.
22. 냄비에 올빼미 깃털을 많이 넣어라.	Put many owl's ______ into the pot.
23. 냄비에 약간의 악어의 웃음을 넣어라.	Put a few ______'s smiles into the pot.
24. 양파와 피망들을 잘라라.	Cut the onion and ______.
25. 냄비에 많은 컵의 물을 부어라.	______ a lot of cups of water into a pot.
26. 새우와 양파를 볶아라.	______ the shrimp and onion.
27. 너는 어떠한 종류의 계량컵도 사용할 수 없다.	You can't use any kind of ______.
28. 처음으로 무엇을 해야 하지?	What should I do ______?
29. 두 번째로 무엇을 해야 하지?	What do I have to do ______?
30. 마지막으로 무엇을 해야 하지?	What should I do ______?

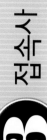

Unit 8 접속사

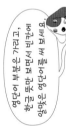

말풍선: 영단어 부분은 가리고, 한글 뜻만 보면서 빈칸에 알맞은 영단어를 써 보세요.

A 다음 단어들을 모두 알고 있나요? 확인해 보세요.

1.	password	명 (컴퓨터) 비밀번호
2.	coupon	명 쿠폰, 할인권
3.	bet	구 내기를 걸다
4.	laptop	명 노트북
5.	character	명 등장인물
6.	pros and cons	구 장단점
7.	both A and B	구 A와 B 둘 다
8.	performance	명 성능, 기능
9.	either A or B	구 A와 B 둘 중 하나
10.	neither A nor B	구 A와 B 둘 다 아닌
11.	not A but B	구 A가 아니라 B
12.	not only A but also B	구 A뿐 아니라 B도
13.	shortcut key	명 (컴퓨터) 단축키

14.	remember	동 기억하다
15.	reason	명 이유, 까닭
16.	stare at	구 ~을 뚫어지게 쳐다보다
17.	hold (held–과거분사형 동사)	동 개최하다, 열다
18.	cheek	명 뺨
19.	with a smile	구 미소 지으며, 방긋 웃으며
20.	comb	동 빗질하다 명 빗
21.	next to	구 ~ 옆에
22.	place	명 장소, 곳
23.	open	형 열려 있는
24.	neighborhood	명 근처, 지역, 이웃
25.	around the world	구 전세계의
26.	reply	동 대답하다, 답장을 보내다
27.	bloom	동 (꽃이) 피다 명 꽃
28.	in front of	구 ~ 앞에
29.	exact	형 정확한
30.	town	명 마을, 시내, 읍

Unit 8

관계대명사와 관계부사

단어의 뜻뜻은 가리고,
한글 뜻만 보면서 빈칸에
알맞은 영단어를 써 보세요.

A 다음 단어들을 모두 알고 있나요? 확인해 보세요.

1. ☐ elf(elves-복수형) 명 꼬마 요정

2. ☐ office 명 사무실

3. ☐ forget(forgotten —과거분사형 동사) 동 잊다

4. ☐ explain 동 설명하다

5. ☐ hang (hung—과거분사형 동사) 동 걸다, 매달리다

6. ☐ branch 명 나뭇가지

7. ☐ decoration 명 장식품, 장식, 훈장

8. ☐ bulb 명 전구

9. ☐ use 동 사용하다

10. ☐ colored pencil 명 색연필

11. ☐ present 명 선물

12. ☐ ornament 명 장식품, 장신구

13. ☐ near 형 가까운

14. ☐ make up for one's mistake 구 실수를 만회하다

15. ☐ during 전 ~동안, ~내내

16. ☐ even though 접 심지어 ~인데도

17. ☐ allow 동 허락하다

18. ☐ French fries 명 감자튀김

19. ☐ junk food 명 정크푸드 (영양가 낮은 인스턴트 음식)

20. ☐ master 동 숙달하다, 통달하다

21. ☐ defend 동 방어하다, 지키다

22. ☐ doubt 동 의심하다

23. ☐ pray 동 빌다, 기원하다

24. ☐ score 명 점수, 성적

25. ☐ beginner 명 초보자

26. ☐ money-back guarantee 구 환불 보증

27. ☐ mine game 명 지뢰 게임

28. ☐ permission 명 허락

29. ☐ get irritated 구 짜증나다

30. ☐ distinguish 동 구별하다

16. 부케는 메리에 의해 그녀의 친구에게 던져진다.
The bouquet is _____ to her friend by Mary.

17. 많은 유명인들이 초대된다.
Many famous people are _____ .

18. 결혼식 피로연에는 많은 사람들이 초대된다.
Many people are invited to the wedding _____ .

19. 새들도 메리에 의해 저녁을 대접받는다.
The birds are _____ to dinner by Mary.

20. 그것은 마술사에 의해 설계된다.
It is _____ by a magician.

21. 그 아이스크림은 요리사에 의해 핑키에게 보내지니?
Is the ice cream sent to Pinky by a _____ ?

22. 그 선물 상자는 메리 이모에 의해 열린다.
The _____ is opened by Aunt Mary.

23. 그녀는 모든 선물에 만족한다.
She is _____ with all of the gifts.

24. 그들은 신혼여행으로 호주에 갔다.
They went to Australia on their _____ .

25. 우리는 작은 마을을 방문했다.
We visited a small _____ .

26. 마을은 잔디로 뒤덮여 있었다.
The village was covered with _____ .

27. 그 그림은 그에 의해 그려졌다.
The picture was _____ by him.

28. 신랑과 신부가 있다.
There are the bride and _____ .

29. 그것은 신부 들러리에 의해 전달됐다.
It was carried by the _____ .

30. 부케는 밍키에 의해 만들어졌다.
The _____ was made by Minky.

B 우리말과 같은 뜻이 되도록 빈칸을 채워 영어 문장을 완성하세요.

1. 그녀는 또한 패스워드를 만든다.
She also makes her _____ .

2. 그는 쿠폰이나 e머니가 필요하다.
He needs a _____ or e-money.

3. 윙키와 핑키는 내기를 한다.
Winky and Pinky _____ on that.

4. 윙키는 노트북을 사고 싶어한다.
Winky wants to buy a _____ .

5. 캐릭터들은 뛰면서 움직인다.
The _____ move by jumping.

6. 윙키는 가게 주인에게 노트북의 장단점을 묻는다.
Winky asks the shopkeeper about the _____ and _____ of the laptop.

7. 윙키, 핑키 둘 다 그게 필요하다.
_____ Winky and Pinky need it.

8. 노트북의 디자인과 성능은 매우 중요하다.
The design and the _____ of the laptop is very important.

9. 윙키와 핑키 둘 중 한 명은 주말에만 컴퓨터를 쓸 수 있다.
_____ Winky or Pinky can use the computer only on the weekend.

10. 그나 그녀 모두 시험 전에는 컴퓨터 게임을 할 수 없다.
_____ he nor she can play computer games before a test.

11. 이유는 게임 때문이 아니라 숙제 때문이다.
The reason is _____ because of games _____ because of his homework.

12. 윙키뿐 아니라 핑키도 시험 공부를 열심히 할 것이다.
Not _____ Winky but Pinky will study hard for the test.

13. 단축키들을 외우는 것은 어렵다.
It's hard to memorize _____ keys.

14. 그는 실수를 만회할 수 있다.
He can _____ for his mistake.

B 우리말과 같은 뜻이 되도록 빈칸을 채워 영어 문장을 완성하세요.

1. 엄마가 결혼식 케이크를 만드신다.
My mom makes the _____ cake.

2. 그는 초대장을 받는다.
He gets an _____ .

3. 핑키는 메리 이모를 위해 노래를 준비한다.
Pinky _____ a song for her aunt Mary.

4. 축하카드는 윙키에 의해 쓰여진다.
A _____ card is written by Winky.

5. 그 카드는 금으로 장식된다.
The card is _____ with gold.

6. 그 카드는 새들에 의해 배달 되었다.
The card was _____ by birds.

7. 아빠의 셔츠는 엄마에 의해 다림질된다.
Dad's shirt is _____ by Mom.

8. 윙키는 윙키에 의해 목욕된다.
Dinky is _____ by Winky.

9. 그 분홍색 상자는 아름다운 꽃들로 가득하다.
The pink box is _____ with beautiful flowers.

10. 그는 나비 넥타이를 한다.
He wears a _____ tie.

11. 아빠는 고장난 차를 수리한다.
Dad _____ the broken-down car.

12. 메리는 드레스를 입고 있다.
The dress is _____ by Mary.

13. 그녀의 웨딩드레스는 할머니 께서 만드셨었다.
Her wedding dress was _____ by Grandma.

14. 그 성은 꽃들로 뒤덮여있다.
The castle is _____ with flowers.

15. 메리의 사진은 사진작가에 의해 찍힌다.
Mary's photos are taken by the _____ .

15. 그는 게임 동안 실수를 했다.
He made a mistake _____ the game.

16. 그는 심지어 게임을 하는 법 밖을 알면서도 게임에 졌다.
He lost the game even _____ he knew how to play it.

17. 그의 엄마가 하게 허락한다.
His mom _____ him to do.

18. 그들은 감자튀김을 좋아하니?
Do they like _____ ?

19. 인스턴트 음식은 나쁘다.
_____ food is bad for them.

20. 그는 혼자 그걸 익혀야 한다.
He has to _____ it by himself.

21. 그들은 그들 자신을 방어하기 위해 폭탄이 필요하다.
They need bombs to _____ themselves.

22. 그는 그가 시험을 잘 볼 수 있을지 의심스럽다.
He _____ whether he can do well on the test.

23. 엄마는 윙키를 위해 기도했다.
Mom _____ for Winky.

24. 수학 점수가 나빴니?
Did you get a bad math _____ ?

25. 이 게임은 너무 쉬워서 초보 자들도 쉽게 이용할 수 있다.
This game is so easy that even _____ can use it easily.

26. 우리는 환불을 보증을 제안한다.
We offer a money-back _____ .

27. 지뢰 게임은 그가 가장 좋아 하는 컴퓨터 게임이다.
The _____ is his favorite computer game.

28. 그들은 엄마 허락이 필요하다.
They need Mom's _____ .

29. 그 게임 뒤에 나는 짜증이 난다.
I get _____ after the games.

30. 나는 그 캐릭터들이 진짜인지 구분할 수 없다.
I can't _____ whether the characters are real.

Unit 4 부정사

다음 단어들을 모두 알고 있나요? 확인해 보세요.

영단어 부분은 가리고, 한글 뜻만 보면서 빈 칸에 알맞은 영단어를 써 보세요.

1. instead of — 구 ~ 대신에
2. lose weight — 구 살을 빼다
3. throw away — 구 버리다
4. look at — 구 ~을 보다
5. sit by — 구 ~ 옆에 앉다
6. get lost — 구 (길을) 잃다
7. ask for a favor — 구 부탁하다
8. in ~ minutes — 구 ~분 안에
9. cousin — 명 사촌
10. grow up (grew–과거형 동사) — 구 자라다, 성장하다
11. neatly — 형 깔끔하게
12. take care of — 구 ~을 돌보다
13. dangerous — 형 위험한

14. be covered with — 구 ~로 뒤덮이다
15. photographer — 명 사진작가
16. throw (thrown–과거분사형 동사) — 동 던지다
17. invite — 동 초대하다
18. wedding reception — 명 결혼식 피로연
19. treat — 동 대접하다
20. design — 동 설계하다, 디자인하다
21. chef — 명 요리사
22. gift box — 명 선물 상자
23. be satisfied with — 구 ~에 만족하다
24. honeymoon — 명 신혼여행
25. village — 명 마을
26. grass — 명 풀, 잔디
27. draw (drawn–과거분사형 동사) — 동 그리다
28. groom — 명 신랑
29. bridesmaid — 명 (결혼식의) 신부 들러리
30. bouquet — 명 부케, 꽃다발

A 다음 단어를 모두 알고 있나요? 확인해 보세요.

약단어 부분은 가리고,
한글 뜻만 보면서 빈칸에
알맞은 영단어를 써 보세요.

1. ☐ wedding — 명 결혼식
2. ☐ invitation card — 명 초대장
3. ☐ prepare — 동 준비하다
4. ☐ celebration — 명 축하
5. ☐ decorate — 동 장식하다
6. ☐ deliver — 동 배달하다, 전하다
7. ☐ iron — 동 다림질하다
8. ☐ bathe — 동 목욕시키다
9. ☐ be filled with — 구 ~으로 가득하다
10. ☐ bow tie — 명 나비 넥타이
11. ☐ repair — 동 수리하다
12. ☐ wear — 동 입다
    (worn—과거분사형 동사)
13. ☐ stitch — 동 바느질하다

14. ☐ suck — 동 (입으로) 빨다
15. ☐ stay still — 구 가만히 있다
16. ☐ sing a solo — 구 혼자 노래하다
17. ☐ break — 동 깨다
18. ☐ musical — 명 뮤지컬
19. ☐ recipe — 명 조리법
20. ☐ shocked — 형 충격을 받은
21. ☐ meal — 명 식사
22. ☐ pleasure — 명 기쁨
23. ☐ trick — 명 속임수
24. ☐ ignore — 동 무시하다
25. ☐ shuffle — 동 섞다
26. ☐ relieve — 동 (불쾌감, 고통 등을) 덜어주다
27. ☐ art gallery — 명 미술관
28. ☐ artwork — 명 미술 작품
29. ☐ brochure — 명 설명 책자, 팸플릿
30. ☐ thoughtful — 형 사려 깊은

16. 핑키는 한국에서 만든 원피스를 입고 있었다. | Pinky was wearing a dress _____ in Korea.

17. 그것은 놀라운 쇼였다. | It was a _____ show.

18. 나는 어렸을 때부터 줄곧 음악에 관심이 있었다. | I have been _____ in music since I was young.

19. 핑키는 2시간 동안 피아노 연주를 하고 있다. | Pinky has played the piano _____ two hours.

20. 윙키는 그 가수의 사인을 잃어버렸다. | Winky has lost the singer's _____.

21. 딩키와 밍키는 오늘 오후부터 지금까지 잠에 빠져 있다. | Dinky and Minky have been asleep _____ this afternoon.

22. 그들은 양로원을 방문했다. | They visited a _____.

23. 그들은 그 흥미진진한 쇼를 많이 좋아한다. | They like the exciting show _____.

24. 청중들은 우리에게 큰 박수를 보냈다. | The _____ gave us a big hand.

25. 그것은 재미있는 경험이었다. | It was a fun _____.

26. 나는 그 과학박물관을 방문했다. | I visited the science _____.

27. 나는 8월 8일에 영국에서 집으로 돌아왔다. | I _____ home from England on August 8.

28. 그는 여전히 그것을 하고 있다. | He is _____ doing it.

29. 그들은 그것을 아직 끝내지 못했다. | They have not finished it _____.

30. 나는 망가진 기타를 보았다. | I saw a _____ guitar.

B 우리말과 같은 뜻이 되도록 빈칸을 채워 영어 문장을 완성하세요.

1. 그녀가 우리에게 치킨 대신 빵을 주다니 친절하다. | It's nice of her to give us some bread _____ of chicken.

2. 그녀가 살 빼는 건 가능하다. | It's possible for her to lose _____.

3. 그는 그녀가 쿠키를 버리도록 했다. | He had her throw _____ the cookies.

4. 윙키는 누군가가 그를 보고 있는 것을 느낀다. | Winky feels someone looking _____ him.

5. 윙키는 그녀 옆에 앉아서 매우 기쁘다. | Winky is very glad to sit _____ her.

6. 그는 길을 잃는 걸 싫어한다. | He hates to get _____.

7. 그는 사람들에게 부탁한다. | He asks people for a _____.

8. 5분 안에 거기에 도착해라. | Arrive there _____ 5 minutes.

9. 그는 사촌을 만나기를 원한다. | He wants to meet his _____.

10. 그의 사촌은 자라서 가수가 되었다. | His cousin _____ up to be a singer.

11. 그녀는 나를 깔끔하게 청소하게 만들었다. | She made me clean _____.

12. 아기를 돌봐주다니 넌 정말 친절하다. | It's very kind of you to take _____ of the baby.

13. 그녀가 식탁에 올라간 것은 위험하다. | It's _____ for her to go on the table.

14. 아기가 손가락을 빠는 것은 좋지 않다. | It's not nice of the baby to _____ her finger.

B 우리말과 같은 뜻이 되도록 빈칸을 채워 영어 문장을 완성하세요.

1. 그녀는 전에 그를 본 적이 있다.
   She has seen him _____ .

2. 그녀는 파리로 가고 없다.
   She _____ to Paris.

3. 그는 막 숙제를 마쳤다.
   He has just _____ his homework.

4. 공연장에 가 본 적이 있니?
   Have you ever visited a _____ ?

5. 윙키는 한 번도 기타 연주를 해 본 적이 없다.
   Winky has _____ played the guitar.

6. "아뇨," 라고 윙키가 대답한다.
   Winky _____ , "No, I haven't."

7. 윙키는 사용된 컵을 보았다.
   Winky saw a _____ cup.

8. 윙키는 공연장에서 파란색 드레스를 입은 가수를 보았다.
   Winky saw the singer wearing a blue _____ in the concert hall.

9. 윙키는 그 가수가 부럽다.
   Winky _____ the singer.

10. 중앙에서 노래하는 소녀가 핑키이다.
    The girl singing in the _____ is Pinky.

11. 윙키는 많은 사람들이 그에게 박수를 보내는 것을 보았다.
    Winky saw many people giving him a _____ .

12. 엄마는 벌써 공연장에 갈 준비를 마쳤다.
    Mom has _____ finished preparing to go to the concert hall.

13. 그는 공연장에 머물렀다.
    He _____ in the concert hall.

14. 그녀는 악단에 참여했었니?
    Has she _____ the band?

15. 아이들이 윙키에게 손을 흔든다.
    The children _____ to Winky.

15. 아기가 가만히 있다.
    The baby stays _____ .

16. 그녀는 아기가 혼자 노래를 부르도록 했다.
    She had the baby sing a _____ .

17. 나는 아기가 접시를 깨는 것을 보았다.
    I saw the baby _____ the dishes.

18. 너의 음악적 재능을 알려줘.
    Let me know your _____ talents.

19. 그녀는 그것의 조리 책이 책이 있다.
    She has a _____ book to read.

20. 그녀는 일을 조리 맛을 보고 충격 받는다.
    She is _____ to taste it.

21. 내가 그림과 함께 게임을 하는 것은 큰 기쁨이다.
    It's a great _____ for me to play a game with them.

22. 로봇이 그의 식사를 일찍 요리한다.
    The robot cooks his _____ early.

23. 그녀는 숟가락을 쓴다.
    She uses a _____ .

24. 그녀가 규칙을 무시하더니 정직하지 못하다.
    It's not honest of her to _____ the rules.

25. 엄마는 내 여동생에게 카드를 선도록 하셨다.
    Mom made my younger sister _____ the cards.

26. 게임은 내가 스트레스 푸는 것을 도와준다.
    Games help me _____ stress.

27. 미술관에 가는 것이 너에게 도움이 될 것이다.
    To go to the _____ will help you.

28. 미술 작품은 이해하기 어렵다.
    _____ is hard for me to understand.

29. 우리는 읽을 권리가 있다.
    We have a _____ to read.

30. 핑키한테 돈을 주다니 나는 정말 사려가 깊다.
    That's very _____ of you to give Pinky some money.

동명사

 다음 단어들을 모두 알고 있나요? 확인해 보세요.

1.	movie director	명 영화감독
2.	creative	형 창조적인, 창의적인
3.	SF movie	명 공상과학 영화
4.	romantic	형 낭만적인
5.	suggest	동 제안하다
6.	popcorn	명 팝콘
7.	on one's way	구 도중에
8.	enjoy	동 즐기다
9.	be worth -ing	구 ~할 가치가 있다
10.	be ashamed of	구 ~을 창피해하다
11.	be busy -ing	구 ~하느라 바쁘다
12.	anticipate	동 기대하다
13.	look forward to	구 ~을 고대하다, ~을 바라다

14.	join	동 참여하다
15.	wave to(at) ~	구 ~에게 손을 흔들다
16.	made in ~	구 ~에서 만들어진
17.	surprising	형 놀라운, 놀랄 만한
18.	be interested in	구 ~에 흥미(관심)를 갖다
19.	for	전 ~동안
20.	autograph	명 (유명인의) 사인
21.	since	전 ~부터, ~ 이후
22.	nursing home	명 양로원
23.	a lot	부 정말, 많이
24.	audience	명 청중, 관중
25.	experience	명 경험
26.	museum	명 박물관
27.	come back	동 돌아오다
28.	still	부 여전히
29.	not ~ yet	구 아직 ~않다
30.	broken	형 망가진, 부서진

영단어 부분을 가리고, 한글 뜻만 보면서 빈칸에 알맞은 영단어를 써넣으세요.

Unit 6 분사와 현재완료

A 다음 단어들을 모두 알고 있나요? 확인해 보세요.

1. before — 뷔 ~ 전에
2. go (gone-과거분사형 동사) — 통 가다
3. finish — 통 끝내다
4. concert hall — 몡 공연장, 콘서트 장
5. never — 뷔 한 번도(결코) ~않다
6. answer — 통 대답하다
7. used — 혱 사용된, 써서 닳은, 중고의
8. dress — 몡 원피스, 드레스
9. envy — 통 부러워하다
10. center — 몡 중앙, 한가운데
11. give+사람+a big hand — 귀 ~에게 박수를 보내다
12. already — 뷔 이미, 벌써
13. stay — 통 머무르다

14. feel like -ing — 귀 ~하고 싶다
15. have a problem — 귀 문제가 있다
16. be excited about — 귀 ~에 흥분하다
17. play a role — 귀 역할을 맡다
18. be proud of — 귀 ~을 자랑스러워하다
19. be tired of — 귀 싫증나다
20. actually — 뷔 실제로, 사실은
21. consider — 통 고려하다, 생각하다
22. eventually — 뷔 결국
23. appreciate — 통 감사하다
24. avoid — 통 피하다
25. kung fu — 몡 쿵후
26. keep off — 귀 막다
27. enemy — 몡 적
28. recommend — 통 추천하다
29. mimic — 통 흉내내다
30. be used to -ing — 귀 ~에 익숙하다

우리말과 같은 뜻이 되도록 빈칸을 채워 영어 문장을 완성하세요.

1. Being a movie ___ is cool.
   영화감독이 되는 건 멋지다.

2. Making a film is ___ work.
   영화를 만드는 것은 창조적인 작업이다.

3. He enjoys watching ___.
   그는 공상과학 영화 보기를 즐긴다.

4. She enjoys watching comedies.
   그녀는 로맨틱 코미디 보는 것을 즐긴다.

5. He ___ watching TV.
   그는 TV를 보자고 제안했다.

6. Making ___ is very easy.
   팝콘 튀기기는 매우 쉽다.

7. Winky felt sorry about not buying any Coke on his ___ home.
   윙키는 집에 오는 길에 콜라를 사오지 않아서 미안했다.

8. They ___ having popcorn and Coke while watching a movie.
   그들은 영화를 보면서 팝콘과 콜라 먹는 것을 즐긴다.

9. This movie is ___ watching.
   이 영화는 볼 가치가 있다.

10. He was ___ of lying to his grandfather.
    그는 할아버지께 거짓말 한 것을 부끄러워 했다.

11. Pinky and Winky are practicing.
    핑키와 윙키는 연습하느라 바쁘다.

12. He ___ going there.
    그는 거기 가기를 기대한다.

13. The Tinman looks ___ to having a heart.
    틴맨은 심장을 갖기를 고대한다.

14. She ___ like meeting him.
    그녀는 그를 만나고 싶다.

15. They have a ___ going back home.
    그들은 집으로 돌아가는 데 문제가 있다.

16. Dorothy's aunt is ___ about her coming home.
    도로시의 고모는 그녀가 집에 돌아온 것에 흥분한다.

17. He plays the ___ of the Tinman.
    그는 틴맨의 역할이다.

18. Dad is ___ of Winky.
    아빠는 윙키가 자랑스럽다.

19. Pinky is ___ of it.
    핑키는 그것에 싫증이 난다.

20. ___, she wants to go shopping.
    사실, 그녀는 쇼핑가고 싶다.

21. She ___ skipping her class at the private institute.
    그녀는 학원 수업을 빼먹을까 생각한다.

22. She ___ gave up going to the private institute today.
    그녀는 결국 오늘 학원을 가지 않았다.

23. I ___ him.
    나는 그에게 감사한다.

24. He ___ helping his father.
    그는 아버지를 도와드리는 것을 피한다.

25. He finishes practicing ___.
    그는 축구 연습을 끝낸다.

26. His master suggests ___ off the enemies.
    그의 사부는 적들을 막아내자고 제안한다.

27. He didn't give up fighting his ___.
    그는 적들과 싸우는 것을 포기하지 않았다.

28. The teacher ___ watching movies with no subtitles.
    선생님은 자막 없이 영화를 볼 것을 추천한다.

29. Winky ___ Jim Carrey's way of speaking.
    윙키는 짐캐리의 어투를 흉내낸다.

30. We are ___ to having a car.
    우리는 차 소유에 익숙하다.

WOW!

Smart
Grammar

김미희, E·Next 영어연구회

3

워크북

다락원

Wow! Smart Grammar 3

워크북

부가의문문과 간접의문문

Point Check 1

1. ☐ 은 상대방에게 어떤 사실을 확인하거나 동의를 구할 때 사용하며, 평서문 뒤에 '그렇지?' 혹은 '그렇지 않니?'라고 덧붙이는 의문문이다.

2. 긍정의 평서문 뒤에는 ☐ 의 부가의문문이 오고, 부정의 평서문 뒤에는 ☐ 의 부가의문문이 온다.

3. 간접의문문은 의문문이 다른 문장의 일부로 들어가 ☐ 절이 되는 것을 말한다. 간접의문문은 평서문의 어순과 같다.

4. 간접의문문은 두 문장을 이어주는 ☐ 가 필요하다. 의문문이 있는 의문문은 그 의문사가 ☐ 가 된다.

5. 의문사가 없는 의문문은 접속사로 '~인지 아닌지'의 뜻을 나타내는 ☐ 나 whether 를 사용한다.

Point Check 2

A 빈칸에 알맞은 부가의문문을 쓰세요.

1. She's pretty, _____ ?
2. He's not fun, _____ ?
3. You ate the snack, _____ ?
4. Let's go party, _____ ?

B 괄호 안의 동사와 주어를 재배열하여 빈칸에 쓰세요.

1. Do you know what _____ ? (is   the lunch menu)
2. Why do you think _____ round? (is   the Earth)
3. She's asking whether _____ hers or not. (is   this)
4. Do you know if _____ rain or not today? (is going to   it)

Practice Test

A 빈칸에 알맞은 부가의문문을 쓰세요.

1. You are a soldier, _____?

   You were not a soldier, _____?

2. You don't have a book, _____?

   You had a book, _____?

3. You are going to school, _____?

   You are not going to school, _____?

4. Go to school, _____?

   Let's go to school, _____?

B 부가의문문을 보고, 빈칸에 알맞은 주어와 동사를 쓰세요.

1. _____ her son, isn't he?

2. _____ Tuesday, isn't it?

3. _____ feeling good today, is she?

4. _____ hard, wasn't it?

5. _____ study, shall we?

6. _____ there, were you?

C 두 문장을 간접의문문을 이용하여 의문사가 있는 간접의문문으로 만드세요.

1. I don't know. + Where is she?

   ➤ _____

2. Do you know? + Who is the thief?

   ➤ _____

3. Do you think? + Why does he have a lot of friends?

   ➤ _____

4. Did he know? + When is her birthday?

   ➤ _____

5. Tell me. + How did you get an A?

   ➤ _____

D 두 문장을 간접의문문을 이용하여 의문사가 없는 간접의문문으로 만드세요.

1. I'm confused. + Do I need an umbrella today?

   ➤ _____

2. He doesn't know. + Does she love him?

   ➤ _____

3. I'm curious. + Is she kind?

   ➤ _____

4. She asked me. + Is it going to snow on Christmas?

   ➤ _____

5. Do you know? + Is there a Santa Clause?

   ➤ _____

F 다음을 읽고, 문제에 답하세요.

(a) Answer the next questions _____ she is a criminal or not.

(b) Do you think why is she a criminal?

(c) Write down what she did at the shop.

(d) Did you know who she is?

(e) How do you think she stole the bracelet?

(f) Do you think? When did she go there?

*bracelet 팔찌

1. (a)의 빈칸에 알맞은 단어를 쓰세요. ....

2. (b)~(e)에서 잘못된 표현의 기호를 쓰고, 바르게 고쳐 다시 쓰세요.

   ○ ....

3. (f)의 두 문장을 간접의문문을 이용하여 하나의 문장으로 바꿔 쓰세요.

   ○ ....

부정대명사와 수량형용사

Point Check 1

1. ☐ 란 불특정한 사람이나 정해져 있지 않은 사물을 나타내는 대명사이다.

2. one은 앞에 나타난 「☐ + ☐」를 뒷문장에서 다시 가리킬 때 쓰여서 반복을 피한다.

3. all과 none, some과 any는 ☐ 명사와 ☐ 명사를 대신할 수 있다. 셀 수 있는 명사를 나타낼 때는 동사의 ☐ 을 쓰고, 셀 수 없는 명사를 나타낼 때 ☐ 을 쓴다.

4. ☐ 란 명사의 수나 양을 나타내는 형용사로 명사 앞에 위치한다.

5. 수량형용사는 셀 수 있는 명사와 셀 수 없는 명사를 꾸며주는 단어가 달라진다.

의미	셀 수 있는 명사에 사용	셀 수 없는 명사에 사용
많은	_____	_____
	a lot of, lots of	
약간 있는	_____	_____
	some	
거의 없는	_____	_____

Point Check 2

A 부정대명사를 찾아 동그라미 하세요.

1. I have two sisters. I like both of them.

2. I don't have an umbrella. Can I borrow one?

B 각각의 수량형용사와 어울리는 단어를 골라 상자 안에 쓰세요.

time   book   cheese   cup   potato   oil

many, a few, few	much, a little, little

Practice Test

A 다음 빈칸에 알맞은 부정대명사를 보기에서 찾아 알맞은 형태로 바꾸어 쓰세요.

all	the other	one	another

1. A: Do you have a pen?

   B: Yes, I have _____.

2. A: I need an eraser.

   B: I'll lend you _____.

3. A: Do you have any pets?

   B: Yes, I have two pets. _____ is a dog and _____ is a cat.

4. I have three friends. _____ is French, _____ is American, and _____ is Chinese.

5. _____ of the small birds run away from the eagle.

B 알맞은 동사에 동그라미 하세요.

1. One of the students (is / are) writing a letter.

2. Some of the students (is / arc) drawing a picture.

3. Some of the students (is / are) sleeping in class.

4. All of the students (like / likes) Sundays.

5. Both of my brothers (go / goes) to the same middle school.

6. Some of the chocolate (taste / tastes) bitter.

C 알맞은 수량형용사에 동그라미 하세요.

1. I bought (some / any) milk.

2. I didn't buy (some / any) water.

3. Would you like (some / a little) cookies?

4. Do you have (many / any) chocolate?

5. I ate (a few / a little) cheese.

6. She read (a few / a little) books.

7. There isn't (many / much) snow in winter.

D 문장에서 <u>틀린</u> 곳에 밑줄을 치고, 바르게 고쳐 다시 쓰세요.

1. Do you have some questions?

   ➜ ....

2. May I have any Coke?

   ➜ ....

3. I don't have many time.

   ➜ ....

4. She has a little books.

   ➜ ....

5. He adds a few sugar.

   ➜ ....

6. He bought a lots of oranges.

   ➜ ....

7. There are much balls in the box.

   ➜ ....

그림을 보고, 빈칸에 알맞은 부정대명사와 수량형용사를 넣어 대화를 완성하세요.

A: Oh, I forgot to bring sugar. Can you give me _____?

B: Sorry. I have _____ sugar.

F 다음 이야기를 읽고, 문제에 답하세요.

| some | another | one | a lot of | the other |

There are three pigs in the house. They are brothers. They want to make their own houses.

(a) _____ is lazy. He wants to make a house of straw.

(b) _____ is silly. He wants to make a house of _____ sticks.

(c) _____ is smart. He wants to make a house of _____ bricks.

1. (a)의 빈칸에 알맞은 부정대명사를 쓰세요. _____

2. (b)의 빈칸에 알맞은 부정대명사와 수량형용사를 쓰세요. _____

3. (c)의 빈칸에 알맞은 부정대명사와 수량형용사를 쓰세요. _____

Unit 3 접속사

Point Check 1

① [   ]는 단어와 단어, 구와 구, 절과 절을 역할을 한다. 특히 대등한 관계의 단어와 단어, 구와 구, 절과 절을 연결하는 접속사를 [   ]라고 한다.

② 어떤 내용을 나열할 때 쓰이는 접속사는 [   ]이고, 선택을 할 때 쓰이는 접속사는 [   ]이며, 앞, 뒤 반대되는 내용을 연결할 때는 접속사 [   ]이 쓰인다.

③ [   ]는 두 개의 짝으로 이루어진 접속사로, 대등하게 단어와 단어, 구와 구, 절과 절을 연결할 때 쓰인다.

④ [   ]는 주인이 되는 주절과 종속되는 종속절을 연결한다.

⑤ 종속접속사 [   ]은 '~라는 것'으로 해석되며, [   ]는 '~인지 아닌지'로 해석된다. 그 외에도 시간, 이유, 조건, 양보, 결과를 나타내는 접속사 등이 있다.

Point Check 2

A 우리말을 보고, 빈칸에 알맞은 접속사를 쓰세요.

1. 너와 나 ◐ you I

2. 앞 또는 뒤 ◐ heads .... tails

3. 존도 수지도 집에 없다. ◐ .... John .... Suji is at home.

4. 그는 수학이 아니라 영어를 좋아한다. ◐ He likes .... math .... English.

5. 사실인지 아닌지 그에게 물어봐라. ◐ Ask him .... it is true.

6. 그녀가 부자인 것은 틀림없다. ◐ It's certain .... she is rich.

7. 우리는 너무 추웠기 때문에 밖에 못 있었다. ◐ We didn't stay outside .... it was too cold.

8. 나는 음악회가 끝날 때까지 기다리겠다. ◐ I'll wait .... the concert is over.

Practice Test

A 빈칸에 and, but, or 중 하나를 골라 쓰세요.

1. He is poor _____ cheerful.

2. Is he _____ I wrong?

3. My sister went to school _____ I didn't.

4. There are hats, gloves, _____ shoes.

5. He is a poet _____ novelist.

6. It was heavy _____ I dragged it to the house.

7. I practiced the piano once a week, on Wednesday _____ on Thursday.

8. The store sells snacks _____ chocolates.

B 빈칸에 알맞은 단어를 보기에서 골라 알맞게 바꿔 쓰세요.

either	neither	but	both

1. She is good at _____ study and sports.

2. _____ you or she is to go.

3. _____ Tom nor she goes out.

4. It is not red _____ black.

5. He is now _____ in London or in Paris.

6. I can speak _____ English and Chinese.

7. We _____ moved nor made any noise.

8. It is not only economical _____ also good for our health.

C ( ) 안의 종속접속사를 알맞은 위치에 넣어 문장을 다시 쓰세요.

1. I wonder he is at home. (if)

   ➔ ....

2. The trouble is we are short of money. (that)

   ➔ ....

3. I asked she knew French. (if)

   ➔ ....

4. I heard you have been abroad. (that)

   ➔ ....

5. The fact is he has been cheating us. (that)

   ➔ ....

6. I am not sure she will come. (if)

   ➔ ....

D 빈칸에 알맞은 접속사를 보기에서 골라 쓰세요.

if	because	though	while	before

1. Ben went to the dentist .... he has a toothache.

2. We got the movie tickets online .... we went to the cinema.

3. You can play the computer game .... you have finished your homework.

4. We kept on playing soccer .... it was raining.

5. My house was robbed .... I was on vacation.

E 빈칸에 알맞은 접속사를 보기에서 골라 넣어 대화를 완성하세요.

or	that	and	because

1 I'd like to have a burger _____ a Coke.

2 What do you want, a chicken burger _____ a cheese burger?

3 I want a chicken burger _____ chicken is my favorite food.

4 I think _____ chicken burgers are sold out.

F 다음 일기를 읽고, 문제에 답하세요.

April 1

I found memo when I got home. It said (a) _____ Mom was in the hospital. I called Dad (b) <u>because</u> I became worried about her safety. (c) <u>But</u> he didn't answer the phone. It was so scary (d) <u>as</u> I blubbered. At that time, Dad and Mom came into the house together. And my dad shouted. "April Fool's Day!"

I fell for an April Fool's Day joke. (e) <u>Although</u> I was completely fooled by their lie, I was happy. I was glad (a) _____ Mom wasn't sick.

1. (a)에 공통적으로 알맞은 접속사를 쓰세요. ....

2. (b)~(d)에서 잘못된 표현의 기호를 쓰고, 바르게 고치세요. ◆ ....

3. (e) 대신에 쓸 수 있는 접속사를 쓰고, 우리말 뜻을 쓰세요. ◆ ....

4 부정사

Point Check 1

① [　　　]는 품사가 정해져 있지 않다는 의미로 「to + [　　　]」의 형태를 가진다. 명사의 역할을 하는 to부정사는 문장 속에서 주어, 목적어, [　　　]로 쓰여서 '[　　　]', '[　　　]'로 해석한다.

② 명사를 꾸미거나 서술하여 주는 [　　　]의 역할을 하는 to부정사는 '~할', '~하는'으로 해석한다.

③ 동사, 형용사 등을 꾸며주는 [　　　]의 역할을 하는 to부정사는 '~해서', '~하기 위해서', '…해서 결국 ~하다' 등으로 해석한다.

④ to부정사의 주어가 문장 전체의 주어와 다른 경우에는 to부정사 앞에 「[　　　] + 목적격의 주어」를 써서 의미상의 주어를 나타낸다. 단, 성격이나 감정을 나타내는 형용사 뒤에는 「[　　　] + 목적격의 주어」를 쓴다.

⑤ 부정사는 to없이 [　　　]만 오는 원형부정사도 있다. 원형부정사를 쓰는 동사에는 [　　　](감각을 통해서 아는 동사)와 [　　　](~하도록 시키는 동사)가 있다.

Point Check 2

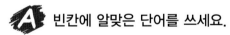 빈칸에 알맞은 단어를 쓰세요.

1. To see is _____ believe.
2. I don't want _____ stay here.
3. He has a lot of homework _____ do.
4. I'm glad _____ meet you.

B 알맞은 단어에 동그라미 하세요.

1. It's nice (of / for) you to say so.
2. She heard the front door (open / to open).
3. He made her (wash / to wash) the dishes.

Practice Test

A 밑줄 친 부정사의 용법을 쓰세요.

1. To read a book is useful for you. ....

2. He doesn't have any book to read. ....

3. She went there to take a rest. ....

4. I have a plan to go abroad this summer. ....

5. My goal is to be a president. ....

6. I need some water to drink. ....

7. Vegetable is healthy to eat. ....

8. I am glad to see you. ....

9. There are no chairs to sit on. ....

10. She has a lot of work to do. ....

B ( ) 안의 단어를 알맞게 바꾸어 빈칸에 쓰세요.

1. I go to the library .... (study)

2. His dream is .... a pilot. (is)

3. He bought an orange .... (eat)

4. .... a present is difficult. (choose)

5. Your hobby is .... soccer. (play)

6. I am sorry .... that. (hear)

7. She uses her hands .... a doll. (make)

C ( ) 안의 단어를 문장에 알맞게 바꾸어 빈칸에 쓰세요.

> I want _____ the class. (she   attend)
>
> ❍   her to attend

1. I want _____ to the hospital. (he   go)

2. This rock is heavy for _____ . (he   lift)

3. It's nice _____ them. (she   help)

4. It was first time _____ to another country. (she   go)

5. It's nice _____ the first place. (you   get)

D 잘못된 부분을 바르게 고쳐 문장을 다시 쓰세요.

1. I made him to wash my car.

   ❍ ....

2. She made me to sweep the floor.

   ❍ ....

3. He heard her to cry.

   ❍ ....

4. I felt the school to shake.

   ❍ ....

5. I saw her to go to the restaurant.

   ❍ ....

다음을 읽고, (a)~(e) 중 어법상 <u>어색한</u> 문장을 골라 기호를 쓰고 바르게 고치세요.

(a) I bought new clothes to jog.

(b) I have special shoes to exercise, isn't that nice?

(c) Our goal is run 10 km.

(d) Oh, I forgot to lock the locker.

(e) I stopped exercising to lock my locker.

 다음을 읽고, 문제에 답하세요.

After class I cleaned the classroom.

(a) My teacher told me _____ mop the floor.

(b) My friend Minsu should clean the classroom, too. But I saw him playing soccer.

(c) I wanted him mop the floor with me.

(d) But I also wanted to play soccer. So I went outside.

(e) "Kick the ball to me." I wanted him to kick the ball to me.

(f) (my   lead   to   team   I   victory)

(g) (me   Then   back   clean   my   the   teacher   called   to   classroom)

1. (a)의 빈칸에 알맞은 단어를 쓰세요. ....

2. (b)~(e)에서 <u>잘못된</u> 표현의 기호를 쓰고, 바르게 고치세요.

⏵ ....

3. (f)의 (   ) 안의 단어를 재배열하여 '나는 팀을 승리하도록 이끌었다.'라는 뜻이 되도록 영어로 쓰세요.

⏵ ....

4. (g)의 (   ) 안의 단어를 재배열하여 '그때 선생님이 나를 불러서 교실을 청소하도록 시키셨다.'라는 뜻이 되도록 영어로 쓰세요.

⏵ ....

18

 동명사

Point Check 1

① [　　　]는 동사를 명사처럼 사용하기 위해 만들어졌다. 즉, [　　　]의 성질을 가진 [　　　]라고 할 수 있다. 동명사를 만드는 방법은 동사 뒤에 [　　　]를 붙이면 된다.

② 동명사는 문장에서 주어, [　　　], 목적어, 그리고 전치사의 [　　　]로 쓰인다.

③ 동명사를 부정할 때는 동명사 앞에 [　　　] 또는 [　　　]를 붙이면 된다.

④ 동명사만을 목적어로 쓰는 동사들에는 '즐기다'를 뜻하는 [　　　], '피하다'를 뜻하는 [　　　], 그리고 '끝내다'를 뜻하는 [　　　] 등이 있다.

⑤ 동명사의 관용적 용법에는 '~하러 가다'의 뜻을 가진 「go + 동사원형 + -ing」, '~하느라 바쁘다'의 뜻을 가진 「be [　　　] + 동사원형 + -ing」, 그리고 '[　　　]'의 뜻을 가진 「feel like + 동사원형 + -ing」 등이 있다.

Point Check 2

 밑줄 친 동명사가 문장에서 하는 역할을 찾아 동그라미하세요.

1. <u>Helping</u> others makes me happy. (주어 / 목적어 / 보어 / 전치사의 목적어)
2. She is good at <u>surfing</u> the net. (주어 / 목적어 / 보어 / 전치사의 목적어)
3. His dream is <u>traveling</u> all around the world. (주어/ 목적어/ 보어/ 전치사의 목적어)
4. My father likes <u>reading</u> books. (주어 / 목적어/ 보어 / 전치사의 목적어)

 알맞은 것에 동그라미 하세요.

1. They (fail / avoid) answering the question.
2. She (finishes / decides) doing her homework.
3. I am (ready / busy) playing the guitar.
4. He (goes / seeks) swimming.

Practice Test

A 밑줄 친 동사를 동명사로 만들어서 문장을 다시 쓰세요.

1. I hate clean up dog poop.

   ➡ ....

2. Did you quit read the newspaper?

   ➡ ....

3. He feels like go out for a walk.

   ➡ ....

4. I don't mind swim in the rain.

   ➡ ....

5. I don't like take a bath with my mom.

   ➡ ....

B 문장에서의 동명사의 역할에 맞는 것을 연결하세요.

1. Swimming is good for your health.   ·

2. The greatest pleasure is helping others.   ·

3. He suggested leaving early today.   ·   · 주어

4. My goal for this month is losing weight.   ·   · 목적어

5. I enjoy eating Chinese food.   ·   · 보어

6. She is interested in playing chess.   ·   · 전치사의 목적어

7. Fishing in this lake is forbidden.   ·

8. They are fond of drawing.   ·

C (   ) 안의 단어들을 순서대로 배열하여 문장을 다시 쓰세요.

1. (honest   being   Not) is my weakness.

   ○ ....

2. He regrets (having   not   gone) to the dentist earlier.

   ○ ....

3. My only fear is (a   not   good   being   son).

   ○ ....

4. We are used to (having   car   not   a).

   ○ ....

5. She was proud of (lazy   not   being).

   ○ ....

D 우리말에 맞게 빈칸에 알맞은 단어를 보기에서 골라 쓰세요.

avoid	suggests	admits	quit	mind

1. 나는 빗속을 걸어도 상관없다.

   ○ I don't .... walking in the rain.

2. 내 친구가 함께 영화 보자고 제안한다.

   ○ My friend .... watching a movie together.

3. 옷을 더럽히지 않도록 잘 행동해라.

   ○ Behave well to .... messing up your clothes.

4. 그는 그의 친구를 다치게 한 것을 인정한다.

   ○ He .... hurting his friend.

5. 아버지는 3주 전에 운동을 그만두셨다.

   ○ My father .... exercising three weeks ago.

E 동명사의 관용표현에 유의하며 문장을 우리말로 해석하세요.

1. They were tired of listening to their mother's nagging.

   ➲ ....

2. I feel like watching TV all day.

   ➲ ....

3. She cannot help laughing.

   ➲ ....

4. This book is worth reading.

   ➲ ....

5. He is busy doing his homework.

   ➲ ....

F 다음은 Jenny의 반 친구들의 기호도 조사표입니다. 표를 잘 보고, 빈칸에 알맞은 말을 쓰세요.

(enjoy: ◎ , be interested in: ○, hate: △)

	Sue	Mike	Tom	Jenny	Bill
do taekwondo	◎	○	◎	△	◎
take a shower	○	◎	△	◎	△
watch a movie	○	◎	○	○	○
clean the room	△	○	◎	△	△

1. Mike is interested in .... and .... the room.

2. Sue enjoys ....

3. Sue hates ....

4. Jenny enjoys ....

5. Bill is .... in ....

6 분사와 현재완료

Point Check 1

1 　[　　　]　에는 현재분사와 과거분사가 있으며, 형용사처럼 명사의 의미를 꾸며주는 역할을 한다.

2 　[　　　]　는 「동사원형 + -ing」형태이고, 　[　　　]　는 「동사원형 + -ed」 또는 불규칙한 형태로 온다.

3 형용사로 쓰일 때, 분사는 　[　　　]　의 앞 또는 뒤에 위치한다. 　[　　　]　가 명사를 수식하는 경우 '~하는, ~하고 있는'으로, 　[　　　]　가 명사를 수식하는 경우는 '~된, ~받는, ~당한'으로 해석한다.

4 　[　　　]　는 과거에 일어난 일이나 경험이 현재까지 영향을 끼쳐 현재와 관련이 있을 때 사용하고, 「have / has + 과거분사」의 형태로 만든다.

5 현재완료의 의문문은 「Have / Has + 주어 + 　[　　　]　 ~?」 형태로, 부정문은 「주어 + have / has + not(never) + 　[　　　]　 ~.」 형태로 만든다.

Point Check 2

A 알맞은 단어를 골라 동그라미 하세요.

1. Look at that (run / running / ran) boy!
2. I have a pen (make / making / made) in Australia.
3. I have some storybooks (write / writing / written) in English.
4. I saw a (bark / barking / barked) dog.

B (　　) 안의 단어를 우리말에 알맞게 바꿔 빈칸에 쓰세요.

1. 나는 그 가수를 전에 본 적이 있다.

   ○ I have ＿＿＿＿＿ the singer before. (see)

2. 너는 뉴욕에 가 본 적이 있니?

   ○ Have you ever ＿＿＿＿＿ New York? (visit)

Practice Test

A 밑줄 친 부분에 현재분사가 쓰인 경우는 동그라미, 과거분사가 쓰인 경우는 세모표 하세요.

1. I saw <u>a horse eating some carrots.</u> ....

2. My father bought <u>a used car.</u> ....

3. <u>The roof painted in green</u> is beautiful. ....

4. I saw <u>a singing girl.</u> ....

5. He read <u>a book written in Chinese.</u> ....

6. Who is <u>the boy playing the piano?</u> ....

B (   ) 안의 동사를 알맞은 형태로 바꾸어 빈칸에 쓰세요.

1. Do you know the girl .... a yellow T-shirt? (wear)

2. The man .... the guitar is my brother. (play)

3. This is the salad .... by my aunt. (cook)

4. The girl .... in the center is my sister. (stand)

5. Look at the .... bear! (dance)

6. He gave me a letter .... in English. (write)

7. She knocked on the .... door. (close)

24

C 우리말에 맞게 (　　) 안의 단어를 바르게 배열하여 빈칸에 쓰세요.

1. 소파에 앉아 있는 소년이 내 남동생이다. (on　the　sitting　sofa)

　　○ The boy ＿＿＿＿＿＿＿＿＿＿＿＿＿ is my brother.

2. 저 날아가는 새를 봐! (the　flying　bird)

　　○ Look at ＿＿＿＿＿＿＿＿＿＿＿＿＿ !

3. 사과를 먹고 있는 저 여자는 누구죠? (eating　the　lady)

　　○ Who is ＿＿＿＿＿＿＿＿＿＿＿＿＿ some apples?

4. 앤디는 장난감으로 가득 찬 상자를 나르고 있다. (filled　the　box)

　　○ Andy is carrying ＿＿＿＿＿＿＿＿＿＿＿＿＿ with toys.

D 주어진 두 문장과 같은 뜻이 되게 (　　) 안의 동사를 알맞은 형태로 바꾸어 빈칸에 쓰세요.

1. Judy lost her diary last week. She doesn't have it now.

　　○ Judy ＿＿＿＿＿＿＿＿ her diary. (lose)

2. My uncle went to America last year. He is staying in America now.

　　○ My uncle ＿＿＿＿＿＿＿＿ in America for a year. (stay)

3. The little boy began to cry at 8 in the morning. He is still crying now.

　　○ The little boy ＿＿＿＿＿＿＿＿ for an hour. (cry)

4. I had a cold yesterday. I have a headache and a runny nose now.

　　○ I ＿＿＿＿＿＿＿＿ a cold since yesterday. (have)

5. I began to clean my room two hours ago. I still clean it.

　　○ I ＿＿＿＿＿＿＿＿ my room for two hours. (clean)

6. John went to England. He isn't here.

　　○ John ＿＿＿＿＿＿＿＿ to England. (go)

보기에서 그림에 어울리는 단어를 찾아 빈칸에 쓰세요. 필요하면 형태를 바꾸세요.

| never | eating | have | seen | eating | never |

1

Look at the cow .... some grass!

2

.... you ever .... a donkey before?

No, I have .... seen a donkey.

3

Look at the rabbits .... some carrots!

4

I have .... seen goats before. They are so cute.

다음을 읽고, 문제에 답하세요.

Dear Emily,

Hi, Emily! How's your summer vacation?

(a) I have visited my uncle (live) in Australia for a week.

(b) I saw some kangaroos there.

(c) I never have seen them before.

(d) What about you ? Have you seen kangaroos before?

Have a wonderful vacation and see you soon!

From Jane

1. (a)의 (   ) 안의 **live**를 알맞게 고쳐 쓰세요. ....

2. (a)~(d) 중 문장의 어순이 바르지 <u>않은</u> 것의 기호를 쓰고, 바르게 고쳐 다시 쓰세요.

   ➡ ....

Unit 7 | 수동태

수동태

Point Check 1

① 능동태는 동작을 하는 주체에 중점을 둔 문장으로 동작의 주체가 주어가 되고 '(주어가) ~하다'로 해석되는 반면, [   ]는 수동적으로 행해지는 것에 중점을 둔 문장으로 동작의 대상이 문장의 주어가 되며, '… 에 의해 ~하여지다'의 의미로 해석한다.

② [   ]는 「동작의 대상 + be동사 + [   ] + by + 동작의 행위자」를 기본형태로 사용한다.

③ [   ]가 있는 능동태 문장만을 수동태 문장으로 바꿀 수 있다. 능동태의 [   ]를 수동태 문장의 주어 자리로 오게 하고, 동사를 「be동사 + 과거분사」로 바꾸면 수동태 문장으로 변한다.

④ 수동태의 의문문은 「be동사 + 주어 + [   ] ~?」의 형태로, 수동태의 부정문은 「be동사 + [   ] + 과거분사」 형태로 만든다.

Point Check 2

 수동태 문장에는 세모, 능동태 문장에는 별표 하세요.

1. He watches TV. ....
2. The cap was bought by my uncle. ....
3. The window is broken by two children. ....
4. I saw a beautiful house. ....

 문장에 알맞은 것을 골라 동그라미 하세요.

1. The card (writes / is written) by Ann.
2. The door (opens / is opened) by the kid.
3. My father (repairs / is repaired) the bike.

Unit 7 | 수동태 27

Practice Test

A ( ) 안의 단어를 이용하여 빈칸에 알맞은 말을 쓰세요.

1. The table is _____ by the girl. (clean)

2. The house was _____ by the man. (design)

3. The concert hall was _____ by many people. (build)

4. The pizza is _____ by my mom. (make)

5. The photo was _____ by the photographer. (take)

6. The pictures are _____ by my sister. (draw)

B 우리말에 맞게 주어진 단어를 알맞게 배열하여 빈칸에 쓰세요.

1. 교실은 학생들에 의해 날마다 청소되어진다. (cleaned   is   students   by)
   ○ The classroom _____ every day.

2. 그 바구니는 사과로 가득 차 있다. (apples   with   is   filled)
   ○ The basket _____ .

3. 그 박물관은 나의 아버지에 의해 디자인되지 않았다. (not   was   by   designed)
   ○ The museum _____ my father.

4. 그는 파티에 초대되지 않는다. (is   invited   not   He)
   ○ _____ to parties by people.

5. 그 사슴들은 그녀에게 발견되었다. (her   found   were   by)
   ○ The deer _____ .

6. 그 그림은 언제 너의 여동생에 의해 그려졌니?
   ○ _____ by her?
   (was   drawn   the   picture   When)

C 다음을 수동태 문장으로 바꿀 때 빈칸에 알맞은 말을 쓰세요.

1. She reads the book.

   ○ The book ....

2. Grace writes the invitation card.

   ○ The invitation card ....

3. I kick the ball.

   ○ The ball ....

4. My father paints the box.

   ○ The box ....

D 잘못된 부분을 찾아 동그라미 하고, 바르게 고쳐 다시 쓰세요.

1. The cake made by the girl yesterday.

   ○ ....

2. The classroom is decorated by she.

   ○ ....

3. The shirt irons by my mother every day.

   ○ ....

4. The village covers with green grass.

   ○ ....

5. Is this letter writes by Tom?

   ○ ....

다음 대화를 읽고, 빈칸에 알맞은 단어를 쓰세요.

Mom: Happy birthday, Ann!

Ann: Oh, thank you. Wow! A chocolate cake!
Was this cake ＿＿＿＿＿ by you, Mom?

Mom: No. It was made ＿＿＿＿＿ your dad.

Ann: Oh, really? What a surprise! Thank you, Dad.

Dad: This is for you, Ann. Open the box.

Ann: Wow, the box is filled ＿＿＿＿＿ interesting books. Thank you, Dad!

 다음 표에 나오는 친구들이 어제 양로원에 가서 한 일입니다. 각 친구들이 한 일을 보기와 같은 수동태 문장으로 써 보세요.

누가	한 일
Bill	Write the card
Emily	Make the cookies
Sue	Clean the room
Mike	Repair the broken radio

Bill ○ The card was written by Bill.

1. Emily ○ ＿＿＿＿＿＿＿＿＿＿＿＿＿＿＿＿＿

2. Sue ○ ＿＿＿＿＿＿＿＿＿＿＿＿＿＿＿＿＿

3. Mike ○ ＿＿＿＿＿＿＿＿＿＿＿＿＿＿＿＿＿

관계대명사와 관계부사

Point Check 1

1. 관계대명사는 중복되는 두 단어를 묶어주는 [   ] 역할과 두 문장을 한 문장으로 연결하는 [   ] 역할을 한다.

2. 관계대명사는 선행사가 사람일 때 [   ] 를 사용하고, 사물이나 동물일 때는 [   ] 를 사용한다. [   ] 은 사람, 사물, 동물에 모두 쓰일 수 있다.

3. 관계대명사는 주격이냐, 소유격이냐, 목적격이냐에 따라 쓰이는 종류가 다르다.

격＼선행사	사람	동물, 사물	사람, 사물, 동물
주격	_____	_____	_____
소유격	_____	whose, of which	없음
목적격	whom (who)	_____	that

4. [   ] 는 두 문장을 연결해주는 접속사 역할과 시간, 장소, 이유, 방법을 나타내는 부사 역할을 한다.

5. 관계부사는 선행사가 무엇을 나타내는지에 따라 종류가 다르다.

선행사	관계부사
the time / the day (시간)	_____
the place (장소)	_____
the reason (이유)	_____
the way (방법)	_____

Point Check 2

 관계대명사를 찾아 동그라미 하세요.

1. The students who wear the uniforms are going to middle school.
2. I met my friend whose dog is small.

 선행사와 어울리는 관계부사를 연결하세요.

1. The day   ·   · where
2. The town   ·   · when

Practice Test

A 알맞은 관계대명사에 동그라미 하세요.

1. A doctor is someone (who / which) treats ill people.

2. A salesman is a person (who / whose) job is to sell some items.

3. A police officer is someone (who / whose) protects us from burglars.

4. An amusement park is the place at (who / which) people pay to ride some rides for fun.

5. Have you found the cell phone (who / that) you lost?

B 두 문장을 관계대명사를 이용하여 한 문장으로 만들 때 빈칸에 알맞은 단어를 쓰세요.

1. My sister lives in France. She is a singer.

   ○ My sister _____ is a singer lives in France.

2. I have a friend. His mother is a doctor.

   ○ I have a friend _____ mother is a doctor.

3. I watch the TV show. It is so fun.

   ○ I watch the TV show _____ is so fun.

4. Are you watching a monkey? It is eating a banana.

   ○ Are you watching a monkey _____ is eating a banana?

5. The man is my teacher. You want to see him.

   ○ The man _____ you want to see is my teacher.

 알맞은 관계부사에 동그라미 하세요.

1. A restaurant is a place (where / why) you can pay to eat some food.

2. This is the house (where / why) I was born.

3. Do you remember the day (how / when) we met for the first time?

4. I forgot the time (why / when) my sister went abroad.

5. The reason (why / how) I'm waiting for you is to give an umbrella.

6. Can you tell me (why / how) you bake the bread?

밑줄 친 단어를 바르게 고쳐 문장을 다시 쓰세요.

1. Sunday is the day <u>where</u> we go on a picnic.

   ➡ ....

2. They didn't remember the address <u>when</u> he told us.

   ➡ ....

3. This is the reason <u>how</u> I always walk to school.

   ➡ ....

4. The phone booth is a place <u>how</u> we took shelter from the rain.

   ➡ ....

5. That is <u>why</u> I solved the math problem.

   ➡ ....

그림을 보고, 빈칸에 알맞은 관계대명사를 쓰세요.

A: I know the woman _____ is wearing a white blouse and pink skirt. She works for the library.

B: What is it _____ she is holding?

A: I think it is her purse.

 다음 이야기를 읽고, 문제에 답하세요.

One day, Alice went some place (a) _____ she has never been before. She asked a man, (b) _____ wore a green coat, where she was. He told her that this is the kingdom (c) <u>in which</u> the Queen lives. (d) Then she saw a rabbit. (e) It wore a black hat and had a watch.

1. (a)에 일맞은 관계부사를 쓰세요. ....

2. (b)에 알맞은 관계대명사를 쓰세요. ....

3. (c)의 밑줄 친 부분과 바꿔 쓸 수 있는 관계부사를 쓰세요. ....

4. (d)와 (e)를 관계대명사를 이용하여 한 문장으로 만들어 쓰세요.

   ➡ ....

정답 및 해설

Unit 1 부가의문문과 간접의문문

Point Check 1 p.3

1. 부가의문문   2. 부정, 긍정   3. 명사
4. 접속사, 접속사   5. if

Point Check 2 p.3

A 1. isn't she
2. is he
3. didn't you
4. shall we

B 1. the lunch menu is
2. the Earth is
3. this is
4. it is going to

Practice Test p.4

A 1. aren't you, were you
2. do you, didn't you
3. aren't you, are you
4. will you, shall we

B 1. He is
2. It is
3. She is not(She isn't)
4. It was
5. Let's
6. You were not(You weren't)

C 1. I don't know where she is.
2. Do you know who the thief is?
3. Why do you think he has a lot of friends?
4. Did he know when her birthday is?
5. Tell me how you got an A.

D 1. I'm confused whether(if) I need an umbrella today or not.
2. He doesn't know whether(if) she loves him or not.
3. I'm curious whether(if) she is kind or not.
4. She asked me whether(if) it is going to snow on Christmas or not.
5. Do you know whether(if) there is a Santa Clause?

E 1. didn't you
2. did you
3. will you
4. did he

F 1. if 또는 whether
2. (b), **Why** do you think she is a criminal?

---

3. When do you think she went there?

📝 해설

F 2. (b)는 주절에 think 동사가 쓰인 간접의문문이므로 의문사가 맨 앞으로 나와야 하며, 간접의문문 내에서 주어와 동사는 평서문의 어순을 따른다.

Unit 2 부정대명사와 수량형용사

Point Check 1 p.7

1. 부정대명사
2. a / an, 명사
3. 셀 수 있는, 셀 수 없는, 복수형, 단수형
4. 수량형용사
5.

의미	셀 수 있는 명사에 사용	셀 수 없는 명사에 사용
많은	many	much
	a lot of, lots of	
약간 있는	a few	a little
	some	
거의 없는	few	little

Point Check 2 p.7

A 1. both
2. one

B

many, a few, few	much, a little, little
book, cup, potato	time, cheese, oil

Practice Test p.8

A 1. one
2. one
3. One, the other
4. One, another, the other
5. All

B 1. is
2. are
3. are
4. like
5. go
6. tastes

C 1. some
2. any
3. some
4. any
5. a little
6. a few
7. much

D 1. Do you have some questions?
   ➡ Do you have **any** questions?
2. May I have any Coke?

⊙ May I have **some** Coke?
3. I don't have <u>many</u> time.
　⊙ I don't have **much** time.
4. She has <u>a little</u> books.
　⊙ She has **a few** books.
5. He adds <u>a few</u> sugar.
　⊙ He adds **a little** sugar.
6. He bought <u>a lots of</u> oranges.
　⊙ He bought **a lot of(lots of)** oranges.
7. There are <u>much</u> balls in the box.
　⊙ There are **many** balls in the box.

E 1. some　2. little

F 1. One　2. Another, some(a lot of)
　3. The other, a lot of(some)

- -

해설

B 1. One of the students는 '학생들 중 한 명'이라는 뜻이기 때문에 동사는 단수형 is를 써야 한다.

E 설탕이 거의 없어 거절하는 모습이므로 little이 어울린다.

Unit 3 접속사

Point Check 1 p.11

1. 접속사, 등위접속사
2. and, or, but
3. 등위상관접속사
4. 종속접속사
5. that, if(whether)

Point Check 2 p.11

A 1. and　　　　2. or
　3. Neither, nor　4. not, but
　5. if(whether)　6. that
　7. because　　8. until(till)

Practice Test p.12

A 1. but　2. or　　3. but　　4. and
　5. and　6. but　7. or　　8. and

B 1. both　2. Either　3. Neither
　4. but　5. either　6. both

7. neither　8. but

C 1. I wonder **if** he is at home.
　2. The trouble is **that** we are short of money.
　3. I asked **if** she knew French.
　4. I heard **that** you have been abroad.
　5. The fact is **that** he has been cheating us.
　6. I am not sure **if** she will come.

D 1. because　　2. before　　3. if
　4. though　　　5. while

E 1. and　　　　2. or
　3. because　　4. that

F 1. that　　　　2. (d), that
　3. Though, 비록 ~일지라도

- -

해설

A 2. 등위접속사 or로 연결된 주어로 의문문을 만들 때에는 앞에 쓰인 he에 맞춰 동사는 is를 쓴다.

C 2. be short of: ~이 부족하다
　2, 4, 5. 문장에서 주어, 목적어, 보어로 쓰이는 명사절을 이끄는 종속접속사 that은 생략 가능하다.

F blubber 엉엉 울다, April Fool's Day 만우절, fall for ~에 속다

Unit 4 부정사

Point Check 1 p.15

1. to부정사, 동사원형, 보어, ~하는 것, ~하기
2. 형용사　　　　3. 부사
4. for, of　　　　5. 동사원형, 지각동사, 사역동사

Point Check 2 p.15

A 1. to　2. to　　3. to　　4. to

B 1. of　2. open　3. wash

Practice Test p.16

A 1. 명사적 용법　　　2. 형용사적 용법
　3. 부사적 용법　　　4. 형용사적 용법
　5. 명사적 용법　　　6. 형용사적 용법
　7. 부사적 용법　　　8. 부사적 용법
　9. 형용사적 용법　　10. 형용사적 용법

B 1. to study   2. to be
   3. to eat   4. To choose
   5. to play   6. to hear
   7. to make

C 1. him to go   2. him to lift
   3. of her to help   4. for her to go
   5. of you to get

D 1. I made him **wash** my car.
   2. She made me **sweep** the floor.
   3. He heard her **cry**.
   4. I felt the school **shake**.
   5. I saw her **go** to the restaurant.

E (c), Our goal is **to run** 10 km.

F 1. to
   2. (c), I wanted him **to mop** the floor with me.
   3. I lead my team to victory.
   4. Then my teacher called me back to clean the classroom.

🔎 해설
F 2. 문장의 시제가 과거형이라도 to부정사 다음에는 동사원형인 mop이 와야 한다.

Unit 5 동명사

Point Check 1   p.19

1. 동명사, 동사, 명사, -ing   2. 보어, 목적어
3. not, never   4. enjoy, avoid, finish
5. busy, ~하고 싶다

Point Check 2   p.19

A 1. 주어   2. 전치사의 목적어
   3. 보어   4. 목적어

B 1. avoid   2. finishes
   3. busy   4. goes

Practice Test   p.20

A 1. I hate **cleaning** up dog poop.
   2. Did you quit **reading** the newspaper?
   3. He feels like **going** out for a walk.

   4. I don't mind **swimming** in the rain.
   5. I don't like **taking** a bath with my mom.

B 1. 주어   2. 보어
   3. 목적어   4. 부어
   5. 목적어   6. 전치사의 목적어
   7. 주어   8. 전치사의 목적어

C 1. Not being honest is my weakness.
   2. He regrets not having gone to the dentist earlier.
   3. My only fear is not being a good son.
   4. We are used to not having a car.
   5. She was proud of not being lazy.

D 1. mind   2. suggests   3. avoid
   4. admits   5. quit

E 1. 그들은 엄마 잔소리를 듣는 데 지쳤다.
   2. 나는 하루 종일 TV를 보고 싶다.
   3. 그녀는 웃지 않을 수 없다.
   4. 이 책은 읽을 가치가 있다.
   5. 그는 숙제 하느라 바쁘다.

F 1. Mike is interested in <u>doing</u> <u>taekwondo</u> and <u>cleaning</u> the room.
   2. Sue enjoys <u>doing</u> taekwondo.
   3. Sue hates <u>cleaning</u> the <u>room</u>.
   4. Jenny enjoys taking a shower.
   5. Bill is <u>interested</u> in <u>watching</u> a <u>movie</u>.

🔎 해설
A 동명사 만드는 법은 동사의 진행형을 만드는 방법과 같다. 동사 바로 뒤에 -ing만 붙이면 된다.

B 동명사는 문장 속에서 주어, 목적어, 보어, 전치사의 목적어 역할을 한다.

C 동명사의 부정은 동명사 바로 앞에 **not** 또는 **never**를 붙이면 된다.

D 모두 동명사를 목적어로 취하는 동사들이다.
   avoid 피하다, suggest 제안하다
   admit 인정하다, quit 그만두다
   mind 꺼리다

Unit 6 분사와 현재완료

Point Check 1   p.23

1. 분사　　　　　　　　　　**2.** 현재분사, 과거분사
3. 명사, 현재분사, 과거분사　**4.** 현재완료
5. 과거분사, 과거분사

Point Check 2 p.23

A 1. running　　　　　**2.** made
　3. written　　　　　**4.** barking

B 1. seen　　　　　　**2.** visited

Practice Test p.24

A 1. ○　　**2.** △　　**3.** △
　4. ○　　**5.** △　　**6.** ○

B 1. wearing　　　　**2.** playing
　3. cooked　　　　**4.** standing
　5. dancing　　　　**6.** written
　7. closed

C 1. sitting on the sofa
　2. the flying bird
　3. the lady eating
　4. the box filled

D 1. has lost　　　　**2.** has stayed
　3. has cried　　　　**4.** have had
　5. have cleaned　　**6.** has gone

E 1. eating　　　　　**2.** Have, seen, never
　3. eating　　　　　**4.** never

F 1. living
　2. (c), I have never seen them before.

해설

F 2. (c)는 never(결코 ~ 않다)가 쓰인 현재완료의 부정문으로, 현재완료의 부정문의 어순은 「주어+have/has+ not [never]+과거분사 ~.」이다. 따라서 I have never seen them before.가 바른 어순이다.

Unit 7 수동태

Point Check 1 p.27

1. 수동태　　　　　　**2.** 수동태, 과거분사
3. 목적어, 목적어　　　**4.** 과거분사, not

Point Check 2 p.27

A 1. ★　　**2.** △　　**3.** △　　**4.** ★

B 1. is written　　　　**2.** is opened
　3. repairs

해설

B 1~2. 수동태 문장　　**3.** 능동태 문장

Practice Test p.28

A 1. cleaned　　**2.** designed　　**3.** built
　4. made　　　**5.** taken　　　**6.** drawn

B 1. is cleaned by students
　2. is filled with apples
　3. was not designed by
　4. He is not invited
　5. were found by her
　6. When was the picture drawn

C 1. is read by her
　2. is written by Grace
　3. is kicked by me
　4. is painted by my father

D 1. made ➡ The cake **was made** by the girl yesterday.
　2. she ➡ The classroom is decorated by **her**.
　3. irons ➡ The shirt **is ironed** by my mother every day.
　4. covers ➡ The village **is covered** with green grass.
　5. writes ➡ Is this letter **written** by Tom?

E made, by, with

F 1. The cookies were made by Emily.
　2. The room was cleaned by Sue.
　3. The broken radio was repaired by Mike.

해설

A 3. build의 과거분사형은 built이다.
　5. take의 과거분사형은 taken이다.
　6. draw의 과거분사형은 drawn이다.

D 2. 수동태 문장에서 동작의 주체는 「by + 인칭대명사의 목적격」으로 쓴다. 따라서, she의 목적격인 her가 와야 한다.
　4. be covered with ~로 뒤덮여 있다

E be filled with ~로 가득 차있다

8 관계대명사와 관계부사

Point Check 1 p.31

1. 대명사, 접속사
2. who, which, that

3.

격 \ 선행사	사람	동물, 사물	사람, 사물, 동물
주격	who	which	that
소유격	whose	whose, of which	없음
목적격	whom (who)	which	that

4. 관계부사

5.

선행사	관계부사
the time / the day	when
the place	where
the reason	why
the way	how

Point Check 2 p.31

A 1. who 2. whose
B 1. The day •　　• where
    2. The town •　　• when

Practice Test p.32

A 1. who 2. whose 3. who
  4. which 5. that

B 1. who(that) 2. whose
  3. which(that) 4. which(that)
  5. who(that / whom)

C 1. where 2. where 3. when
  4. when 5. why 6. how

D 1. Sunday is the day **when** we go on a picnic.
  2. They didn't remember the address **that** he told us.
  3. This is the reason **why** I always walk to school.
  4. The phone booth is a place **where** we took shelter from the rain.

  5. That is **how** I solved the math problem.

E 1. who(that) 2. which(that)

F 1. where 2. who 3. where
  4. Then she saw a rabbit which(that) wore a black hat and had a watch.

◈ 해설

A 5. that은 주격이나 목적격일 때 모든 선행사에 쓸 수 있다.

Wow! Smart Grammar ③

워크북

WOW! Smart Vocabulary

전 5권 시리즈

단어에서 문장을 넘어 스토리까지!

하나의 Unit을 두 개의 쌍둥이 Lesson으로 스마트하게, 입체적으로 익혀요.

⭐ Nonfiction과 Fiction의 쌍둥이 Lesson으로 하나의 주제를 입체적으로 학습

⭐ 교과부 새 기본 어휘 목록에 따라 엄선한 초등 · 중학 · 확장어휘 표제어 1,160개

⭐ 단어에서 문장과 스토리로 나아가는 단계적인 연습 문제

⭐ 스마트한 자기주도학습의 파트너, 워크북

⭐ 책 속의 영어문장 해석, 표제어 및 스토리 MP3 파일 무료 다운로드   www.darakwon.co.kr   다락원